W9-AFC-863

LA POLITIZACIÓN DEL NIÑO MEXICANO

COLECCIÓN
CENTRO DE ESTUDIOS INTERNACIONALES

XIV

RAFAEL SEGOVIA

LA POLITIZACIÓN DEL NIÑO MEXICANO

El Colegio de México

Primera edición, 1975
Segunda edición, 1977
Primera reimpresión (5 000 ejemplares) 1982

Camino al Ajusco 20,
01000–México, D. F.
Álvaro Obregón

Impreso y hecho en México – *Printed and made in Mexico*

ISBN 968-12-0180-9 primera reimpresión

ÍNDICE

Para Paule

Para Mario Ojeda

PRÓLOGO

Emprender una investigación sobre las actitudes políticas de los escolares mexicanos respondió, como sucede casi siempre en este tipo de trabajos, a razones de muy distinta naturaleza. La más importante fue la existencia de modelos, o sea, de investigaciones que tanto por la novedad de los temas tratados como por la originalidad de la metodología y de los resultados logrados, incitaban a seguir en ese camino. Es claro que en el curso de la investigación las necesidades de ésta fueron imponiéndose hasta desfigurar y transformar los modelos iniciales. Es obligatorio, de todos modos, reconocer la obra de quienes abrieron un nuevo campo de la política a la curiosidad de los investigadores.

Lo cotidiano tiene, a su vez, un peso decisivo, puesto que nadie se escapa de la realidad cotidiana, o, por usar una palabra quizás más precisa, de su coyuntura. En ese sentido este trabajo intenta ser una explicación, parcial desde luego, de un mundo observado no sólo a través de una encuesta o de una literatura más o menos especializada, sino que en él se refleja la cultura de la que participan observadores y observados. La crisis política de 1968 estuvo por ello en la raíz misma de esta investigación, tanto por tratarse de un acontecimiento decisivo para el sistema político mexicano, como por tratarse de un fenómeno en el que los actores eran en gran medida nuevos en la vida política mexicana o, al menos, no habían participado en ella de manera manifiesta. La crisis de 1968 planteaba, además, un problema que sin ser de una novedad absoluta, se colocaba en el primer plano. ¿Se estaba frente a una crisis de legitimidad de un *régimen* político o bien la crisis tenía una extensión y una profundidad tales que se trataba de una crisis de legitimidad de todo el *sistema* político? Si se intentaba estudiar el proceso de socialización de los niños mexicanos, lo coyuntural, las opiniones debían ser cuidadosamente evitadas, y con ello todo cuanto 1968 había manifestado. De hecho no hay estudio de actitudes políticas infantiles ajeno a este tipo de contaminaciones. La única manera de averiguar hasta qué grado se logró evitar la presencia de los acontecimientos políticos del 68 sería al repetir la encuesta.

Este trabajo sitúa al sistema político mexicano entre los sistemas autoritarios. Un sistema político sólo perdura si logra mantener una identidad entre sus metas y estructuras por un lado y los procesos socializadores por el otro. La ausencia de conflictos insolubles entre instituciones y metas políticas origina la legitimidad. Un problema esencial resulta, pues, averiguar cómo se crea la legitimidad. Ningún régimen ni sistema tiene una legitimidad original, y sólo en la medida en que los procesos socializadores controlados o creados por el Estado van imponiéndose va apareciendo la legitimidad. No es necesaria la uniformidad, ni la igualdad absoluta de los comportamientos, ni la homogeneidad de los sistemas de creencias; los distintos grupos sociales pueden tener visiones diferentes —y comportamientos también diferentes— frente al sistema político sin enfrentarse por ello a sus pautas de autoridad. Dicho de otra manera, las subculturas políticas pueden existir dentro de una cultura política nacional, que las engloba y articula. De producirse estas subculturas en un sistema político autoritario, los grados de libertad concedidos a las subculturas serán menores que los concedidos por un sistema democrático, pero mayores que los otorgados por los sistemas totalitarios. La vigilancia del Estado sobre la educación puede ser uno de los indicadores más precisos para conocer la naturaleza del sistema, del régimen o del gobierno. Los peores conflictos, quizá los únicos que pusieron realmente en peligro la vida de los gobiernos revolucionarios, se originaron en las decisiones en materia de educación y el artículo 3º ha sido conflictivo a un punto tal que no sólo ha sido reformado radicalmente en varias ocasiones, sino que a través de sus distintas redacciones se puede leer la naturaleza de los gobiernos que lo promulgaron. Entre un presidente Calles que abiertamente manifestaba querer apoderarse del alma de los niños para la Revolución y la situación actual de la enseñanza en México median cincuenta años de desarrollo económico, social, cultural y político, que se han traducido en un pluralismo económico, social, cultural y político a quien el Estado ha reconocido y ha concedido parcialmente su papel de agente socializador fundamental.

No hay Estado que, de una u otra manera, no limite la libertad de sus ciudadanos, aunque sea de manera constitucional, y con ello lograr su supervivencia y el mantenimiento del equilibrio de los factores políticos. Se impone, pues, un conjunto de normas que en ningún caso pueden ser transgredidas sin enfrentarse la sanción. Los elementos coercitivos tendrían un valor muy aleatorio de no estar apoyados en una socialización permanente de todos los sometidos a un Estado determinado. La aceptación voluntaria de los límites, la interiorización de las normas no es sino el resultado de un proceso de aprendizaje político llamado socialización.

Cómo, cuándo y dónde se origina esta conducta ha sido estudiado hasta ahora a través de un número limitado de variables —la familia, la escuela, el grupo de iguales, los medios de comunicación de masas, quizás por ser estos agentes los más fáciles de observar. De poderse estudiar simultáneamente el agente socializador y el ente socializado, es decir, la causa y el resultado, se podrían alcanzar conclusiones muy superiores a las aquí logradas donde sólo se presenta una cara de la moneda: lo que los niños piensan sobre su mundo político. Investigar las actitudes políticas de sus padres, maestros, amigos, saber cómo funcionan los mecanismos de transmisión de las actitudes, hubiera exigido medios que no estaban al alcance de la mano. Los agentes socializadores tienen pues perfiles imprecisos —los dibujados por los propios encuestados— como impreciso es también el medio ambiente, el entorno —el *environment*— donde se da la cultura política que, en resumidas cuentas, va a ser el agente decisivo de todo el proceso, pues resume y expresa a todos los demás. Lo que en este trabajo se ofrece no es pues sino una serie de rasgos de la cultura política mexicana transmitida a los escolares a través de sus padres, de la escuela, de los amigos, de los medios de comunicación y, además, se intenta saber cómo los niños, en la relativa pluralidad donde se les encerró —las categorías—, ven su porvenir y cómo lo aceptan o rechazan.

La escuela revolucionaria, de acuerdo con lo que pudo observarse, cumplió su papel casi a la perfección: los niños mexicanos que tenían la posibilidad de frecuentar una escuela a fines de 1969, o sea, en el momento de la encuesta, estaban bien socializados: su respuesta está adecuada a lo que de ellos se espera, la relación niño-sociedad no presenta demasiadas asperezas, la adaptación es diferencial, los papeles correspondientes a cada grupo son tan bien cumplidos que pudiera incluso haber sospechas de estar ante respuestas más extraídas por la normatividad de la escuela que por la espontaneidad que, en principio, debe evocar un cuestionario. Queda de todos modos el preguntarse si el hecho de que una pregunta acarree una respuesta "esperada", reveladora de un proceso de socialización deseado, conformista, no revela a su vez el que los agentes de la socialización, han logrado la meta que se propusieron. En este sentido queda abierta una posibilidad de interpretación más, ajena desde luego a la ofrecida en este libro.

Sería difícil agradecer su ayuda, nombrándolos, a todos los que de una u otra manera intervinieron en esta obra. En primerísimo lugar está Mariclaire Acosta. Intervino en todo y para todo, y sólo el haber aceptado una beca para continuar sus estudios de postgrado en la Gran Bretaña impidió el que se llegara a una redacción conjunta. Tomás Garza, ahora director del CIMAS de la UNAM, mostró una generosidad y un empeño superior a lo que una colaboración intelectual implica. Sin su ayuda este libro no hubiera pasado de ser un proyecto. Lo mismo podría decir de las exigencias de Víctor Urquidi y de don Daniel Cosío Villegas, que me llevaron a superar mi natural pereza y mis temores a ser leído. Gracias deben ser dadas a todos mis colegas del Centro de Estudios Internacionales, empezando por Roque González Salazar, quien siendo director de nuestro centro logró los medios materiales para llevar a cabo la encuesta y allanó cuantas dificultades aparecieron —que por cierto fueron muy pocas— y terminando con Lorenzo Meyer, lector fiel y acucioso, quien encontró errores de todo tipo y con quien además discutí creo que absolutamente todo. Contrariamente a cuanto se dice en los prólogos, tiene que ver tanto con lo bueno como con lo malo que aquí pueda leerse. Directores, maestros y maestras de las escuelas donde se trabajó, autoridades de la Secretaría de Educación y de las Direcciones de Enseñanza de los Estados y de manera especialísima los escolares que, con una seriedad excepcional y una buena voluntad ejemplar, contestaron los cuestionarios, sepan, si alguna vez ven esta obra, de mi más profundo agradecimiento. Finalmente, los estudiantes del Centro de Estudios Internacionales de El Colegio de México, de la promoción 69-72, recorrieron seis entidades federativas levantando la encuesta, y posteriormente codificaron las cédulas: una empresa profesional, con sus agentes también profesionales, no lo hubiera hecho mejor. A Alberto Dallal le agradezco desde el fondo del alma su optimismo y la confianza mostrada hacia este libro. Ojalá no se equivoque. Maripaz Díaz aprendió a descifrar mi letra y, como siempre lo hace, presentó folios impecables para que fueran enmendados una y otra vez, protestando sólo cuando las cosas eran exageradas.

ADVERTENCIA SOBRE EL MÉTODO UTILIZADO

ESTE TRABAJO es básicamente el resultado de una encuesta sobre las actitudes políticas de los *escolares* mexicanos. Desde un primer momento se quiere, pues, señalar la exclusión de los niños que no asisten a la escuela. Otras limitaciones que se señalarán más adelante se derivan del problema de la edad y de la escolaridad. En un sistema educativo como el mexicano los obstáculos que se levantan ante el investigador son mucho mayores que los que pueden presentarse en los países industriales, superindustriales o postindustriales, donde la escolarización de la población es total (les quedan los tan traídos y llevados *límites no comprimibles)* y donde la edad y la escolaridad tienen una correlación muy cercana a 1.

El cuestionario utilizado, reproducido al final de esta obra, se ha aprovechado de una multitud de trabajos, procedentes en su mayoría de los países antes mencionados, es decir, de los industrializados, desarrollados, etc. La lectura de una muy abundante bibliografía especializada sobre socialización política y el análisis de los cuestionarios asequibles llevó a la conclusión de que, con raras excepciones, es casi imposible saber de dónde provienen las preguntas y las escalas, probadas, contraprobadas, modificadas y perfeccionadas por un investigador tras otro. Nuestro cuestionario llevaba sólo 69 preguntas por haber indicado los *pretests* la imposibilidad de contestar más en una hora y no se podía pedir más tiempo a las escuelas donde se iba a trabajar. Contrariamente a cuanto se suele hacer en este tipo de trabajos, no se ayudó a los escolares a "entender" las preguntas que habían dejado en blanco, pues el riesgo de introducir un sesgo era demasiado grande. Quizá sea una de las causas de los abundantes *no sé* o *no contesta*. Por lo demás, se advirtió, también en las pruebas previas, el aumento extraordinario de la falta de contestaciones en las preguntas abiertas —siempre las más ilustrativas, las más ricas de significado— si se comparaba su rendimiento con las preguntas cerradas. No quedó, pues, sino cerrar la mayor parte de las preguntas y con ello limitar la amplitud y la variedad de la información.

El trabajo de campo –levantar la encuesta– se hizo en tres etapas: del 24 al 31 de octubre de 1969,[1] los investigadores de campo fueron a Jalisco, Nuevo León, Tabasco, Oaxaca y a las escuelas rurales del Estado de México; la primera semana de diciembre se dedicó al Distrito Federal; el 15 de diciembre se fue a las escuelas primarias de Toluca (Estado de México) y se hizo el primer año de Secundaria en esa misma ciudad. La elección de estas seis entidades federativas se debió tanto al hecho de que representaran niveles de desarrollo bastante diferentes, representativos de las diferencias que imperan en el país,[2] como a las facilidades que las autoridades civiles y universitarias ofrecieron.

Se intentó dicotomizar la muestra en lo referente al sexo de los encuestados y a los establecimientos escolares (mitad rurales y mitad urbanos). Las dos terceras partes de los escolares que respondieran al cuestionario debían proceder de establecimientos públicos y una tercera parte de los privados, que a su vez debían dividirse en dos terceras partes procedentes de establecimientos privados religiosos y una tercera parte de escuelas privadas laicas. No se llegó a una precisión absoluta, como puede verse en el cuadro siguiente, pero que las cifras se acerquen

1	Varones	2032
	Mujeres	1541
	Cuestionarios desechados	11
	Total	3584
2	Escolares en establecimientos públicos	2316
	Escolares en establecimientos privados	1281
3	Escolares en establecimientos privados religiosos	878
	Escolares en establecimientos privados laicos	403
4	Escolares en establecimientos rurales	1562
	Escolares en establecimientos urbanos	2033
5	Número de establecimientos donde se encuestó	130*

* 19 en el Distrito Federal, 21 en el Estado de México, 18 en Jalisco, 25 en Nuevo León, 23 en Oaxaca y 24 en Tabasco.

[1] Debe tenerse muy presente para la comprensión de algunos capítulos de este trabajo que el licenciado Echeverría fue declarado candidato del PRI a la presidencia de la República el día ... de octubre de 1969.

[2] El Distrito Federal y Nuevo León, son consideradas *entidades prósperas,* y ocupan los números 1 y 3; el Estado de México y Jalisco, *entidades intermedias,* núme-

o se separen de la muestra planeada se debe a la estructura de las escuelas, a la composición social y a las variables demográficas dominantes en las aulas, más que a una falta cualquiera de los encuestadores: establecido el universo, las escuelas se seleccionaron con una tabla de números aleatorios y lo mismo se hizo con los escolares. Por lo demás, quien haya buscado una secundaria femenina, rural, privada y laica en el Estado de Tabasco comprenderá rápidamente el problema presente en aquel momento: no había una secundaria femenina, rural, privada y laica en el estado de Tabasco. La amplitud de la muestra permitió en parte subsanar estas carencias.

El cuestionario se presentó exclusivamente a quienes cursaban 5º y 6º años de primaria y 1º, 2º y 3º de secundaria. Además, no se tomó a ningún escolar con menos de diez años ni más de quince. Pese a estas limitaciones se advertirán los problemas con que se topa cualquier investigador en lo que se refiere a la edad y a la escolaridad, lo que se señalaba más arriba.

Escolaridad		*Edad*					
		10	*11*	*12*	*13*	*14*	*15*
5º P		81.8	36.9	20.0	10.0	4.8	3.0
6º P		16.7	47.6	30.9	18.5	7.9	7.5
1º S		0.3	13.5	37.6	29.2	14.5	14.5
2º S			0.4	9.1	32.0	28.5	25.8
3º S				0.4	9.5	41.0	49.1
	N =	(324)	(504)	(711)	(757)	(747)	(532)

El cuadro anterior resulta de por sí revelador y manifiesta las diferencias que se presentan cuando se utiliza la edad o la escolaridad, dada la falta de coincidencia entre ambas. El retraso de una parte sustancial de los escolares mexicanos captados por la muestra explica, en algunos casos, la falta de homogeneidad de las actitudes dentro de un mismo grupo de edad o dentro de un mismo año escolar.

Deben también tenerse presente las muy diferentes cargas que cada grupo social –tomando como grupo social la profesión del padre– introduce en cada celda, cuando se cruza la ocupación del padre por la escolaridad del hijo o por su edad. A mayor prestigio profesional mayor

ros 10 y 13; y Tabasco y Oaxaca, *entidades deprimidas*, con los números 25 y 33, o sea, el último en lo que se refiere al desarrollo socioeconómico. Luis Unikel, "El proceso de urbanización de México", Centro de Estudios Económicos y Demográficos de El Colegio de México.

regularidad en los estudios y, por lo tanto, una distribución más pareja; cuando menor es el prestigio profesional, hay mayor amontonamiento en los niveles superiores de edad (14 y 15 años), reflejo del retraso en los estudios.

Ocupación del padre	*Edad*						
	10	*11*	*12*	*13*	*14*	*15*	
Profesión liberal	12.0	8.3	8.8	9.1	7.7	4.5	N = (296)
Empresario	3.0	3.5	3.5	3.6	2.9	2.8	N = (188)
Comerciante	10.4	8.9	11.0	9.7	11.0	10.3	N = (368)
Funcionario	8.0	6.5	8.8	6.3	5.2	3.9	N = (232)
Empleado	21.6	24.4	21.0	18.6	20.3	14.6	N = (713)
Artesano	5.8	4.5	5.3	4.1	4.9	3.9	N = (169)
Obrero	11.7	16.0	13.8	15.8	16.6	16.3	N = (550)
Campesino	10.4	11.5	14.6	16.5	18.1	25.4	N = (603)
Pequeño comerciante	4.9	7.7	5.5	5.5	3.8	5.4	N = (198)
Otra	7.1	2.8	2.0	1.7	1.7	2.2	N = (89)
No sabe	4.3	5.8	5.2	8.6	7.3	10.2	N = (254)

Ocupación del padre	*Escolaridad*				
	5º P	*6º P*	*1º S*	*2º S*	*3º S*
Profesión liberal	6.0	7.2	9.6	9.3	9.5
Empresario	2.7	2.7	2.6	4.6	3.8
Comerciante	7.0	9.1	11.5	11.7	12.6
Funcionario	6.3	6.0	7.9	6.0	6.1
Empleado	21.2	20.1	19.1	19.7	19.9
Artesano	6.3	6.0	3.3	2.4	4.6
Obrero	18.5	13.9	12.1	14.7	15.1
Campesino	15.7	18.2	17.0	15.2	16.8
Pequeño comerciante	5.3	6.0	6.1	5.8	4.1
Otra	4.2	3.1	2.0	1.6	1.2
No sabe	6.2	7.1	8.2	8.5	5.5

Como podrá verse en el cuerpo de esta obra, varias categorías profesionales (comerciantes, artesanos, pequeños comerciantes, "otras" y "no sabe") no fueron utilizadas, por ser sus resultados casi idénticos a las categorías contiguas.

Quizás hubiera sido más pertinente introducir en el análisis y, por lo tanto, en la codificación la categoría *grupo* o *clase social,* en vez de detenerse en la simple ocupación del padre. Bajo la categoría campesinos, por ejemplo, se agrupan los ejidatarios, los pequeños propietarios, los peones agrícolas, los ganaderos, y a nadie se le esconde la diferencia abismal que media entre un ganadero de Nuevo León y un jornalero agrícola oaxaqueño, tan grande casi como la que media entre un diputado federal (un hijo de diputado cayó en la muestra) y el marimbero oficial del estado de..., codificados ambos como funcionarios. Mas para obtener los datos necesarios para la elaboración de un índice capaz de clasificar al escolar por su clase social se hubiera necesitado utilizar por lo menos la tercera parte del cuestionario.[3] Se prefirió orientar la mayor parte de éste hacia las actitudes políticas del entrevistado y suplir la clase social por el tipo de escuela, la ocupación del padre y el "medio" rural o urbano, así como el grado de desarrollo del estado. Y, sin embargo, escuela y ocupación del padre también presentan algunos problemas, pues son otra vez las personas con ocupaciones de prestigio social elevado quienes envían a sus vástagos a las escuelas privadas.

Tipo de escuela	*Ocupación del padre*					
	Profesión liberal	*Empresarios*	*Funcionarios*	*Empleados*	*Obreros*	*Campesinos*
Pública	37.8	33.9	77.2	67.5	75.2	69.0
Privada	62.2	66.1	22.8	32.5	24.7	31.0

De la misma manera la clase social determina a los asistentes a las escuelas laicas y religiosas, englobando en la primera categoría a las escuelas públicas y privadas laicas. Para no añadir un cuadro más baste señalar cómo entre los hijos de los empresarios el 55 por ciento asiste a escuelas laicas y el 45 a religiosas, siendo la proporción 56 y 44 entre quienes tienen padres profesionistas, mientras el 87 por ciento de los hijos de obreros y el 76 de los de campesinos asisten a establecimientos laicos, casi siempre públicos, por lo demás.

La distribución de los escolares por estados y por escolaridad funcionó con gran precisión excepto en el caso de Jalisco, donde algunas secundarias religiosas de Guadalajara no aceptaron la presencia de los encuestadores, y en el Estado de México, por culpa de unas vacaciones escolares que retrasaron tanto la encuesta que se prefirió ignorar a un centenar de estudiantes de 2º y 3º de secundaria.

3 Véase por ejemplo el índice elaborado por María de Ibarrola N. en *Pobreza y aspiraciones escolares,* México, Centro de Estudios Educativos, A. C., 1970.

Escolaridad	*Entidad federativa*					
	D. F.	*Ed. Méx.*	*N. León*	*Jalisco*	*Oaxaca*	*Tabasco*
5º P	16.2	19.5	26.1	19.3	21.4	18.9
6º P	20.5	21.7	24.8	22.0	20.9	19.5
1º S	20.2	28.2	17.6	19.2	21.1	19.2
2º S	21.5	14.9	16.8	19.7	19.8	17.6
3º S	21.5	15.5	13.8	19.2	16.4	20.4
	N = (628*)	N = (517)	N = (564)	N = (636)	N = (611)	N = (641)

* No señalaron en el cuestionario el año escolar cursado, 1 niño en el Estado de México, 5 en Jalisco, 4 en Nuevo León, 2 en Oaxaca y 28 en Tabasco.

Finalmente se debe advertir la ausencia de números absolutos (N) en los cuadros reproducidos en el texto: con los datos incluidos en esta nota se puede saber cuántos escolares hay en cada celda. Todos los cuadros van en porcientos menos cuando se trata de escalas. En estos casos se señala de manera expresa cómo se procedió para su ponderación.

CAPÍTULO I

EL INTERÉS POR LA POLÍTICA

EL PRIMER PUNTO por explorar en cualquier trabajo sobre las actitudes políticas de los niños, jóvenes o adultos es el interés que manifiestan por los fenómenos que aparecen en el mundo de la política y, acto seguido, conocer los resultados de ese interés, o sea, el monto y orientación de la información conseguida. La conversación política es, por ello, de una importancia fundamental, como lo son también los interlocutores. La primera, manifiesta las ganas de adentrarse en las cosas de la política y los segundos pondrán en evidencia cuáles son los agentes socializadores.

Saber dónde un niño habla y con quién habla de política resulta primordial para conocer, aunque no sea sino de manera parcial, la orientación de su participación. Durante la investigación, quienes respondieron por la afirmativa es de esperarse que lo hicieron así por considerarse interlocutores activos, o sea que tomaban parte en la conversación, y que ésta no se desarrollaba como un simple monólogo del padre, del maestro o del amigo. Las tres alternativas ofrecidas como lugares donde pueden desarrollarse los intercambios verbales no debieron ser suficientes, lo cual se desprende de la diferencia entre quienes no pudieron optar por ninguna de ellas y quienes declararon no hablar con nadie, siendo estos últimos un poco menos numerosos.

En México, el interés de los niños por la política es, en conjunto, bajo: un 55% dijo hablar de política con alguien, cifra que se sitúa en niveles inferiores a los que se encuentran en los países industriales.[1]

[1] Para encontrar cifras que puedan compararse con las de esta encuesta, véase el trabajo de Herbert H. Hyman *Political Socialization, A Study in the Psychology of Political Behavior*, Nueva York, The Free Press, 1959, y Charles Roig y F. Billon-Grand *La socialisation politique des enfants*, Paris, Armand Colin, 1968 (Cahiers de la Fondation Nationale des Sciences Politiques, núm. 163).

La enajenación frente a la política resulta bastante bien distribuida. No aparecen diferencias marcadas entre las escuelas, como tampoco se advierten entre los escolares de zonas urbanas o rurales, ni entre los niños y las niñas. Los indiferentes parecen estar bien repartidos a primera vista, sobre todo si se acude exclusivamente a las diferencias más gruesas. Sólo la edad permite ver cómo, a medida que pasan los años, los niños van involucrándose en la vida política, aunque las cifras no sean tampoco especialmente claras en este caso.

Las primeras diferencias surgen cuando se compara a los niños de las distintas entidades federativas. En Nuevo León sólo un 38 por ciento dice ser por completo ajeno a las conversaciones políticas, y con esa cifra se alcanza un nivel máximo de interés, dándose el polo opuesto en Tabasco, donde un 56 por ciento manifiesta una indiferencia total. Este es el único estado —de los encuestados— donde, en cifras globales, los indiferentes dominan sobre los interesados; en las otras cinco entidades, aunque por pequeño margen, el interés domina. Una separación parecida se da entre el grupo más interesado, el de los hijos de empresarios, y el de los menos interesados, el de los hijos de pequeños comerciantes.

La casa y la escuela son los lugares donde más se habla de política, pero los niños van a actuar de manera distinta según el tipo de escuela a la que asisten. Quienes estudian en establecimientos públicos encuentran en ellos un lugar más propicio para debatir temas políticos que sus propias casas, mientras que los escolares de los establecimientos privados prefieren sus hogares y los que se educan en escuelas privadas y laicas son los más dispuestos a emprender una conversación sobre política en la calle. El lugar y el interlocutor van íntimamente ligados y, por lo tanto, lleva a que en la casa se hable sobre todo con los padres y después con los hermanos. Pero entre quienes estudian en las escuelas privadas, en la escuela buscan en mayor medida la conversación con el amigo que con el maestro. Los educados por el Estado encuentran con quien hablar en los centros de enseñanza principalmente, más que en la casa; en la escuela hablan con sus amigos.

Si las cantidades de indiferentes son más o menos iguales en cualquier tipo de escuela, debe tenerse presente que en la privada se habla de todos modos (de política) mucho más, como lo prueba la acumulación de las conversaciones, que es de 76 en las oficiales, de 89 en las privadas religiosas y de 107 en las privadas laicas.

En las escuelas mexicanas, las niñas ofrecen un comportamiento que no corresponde para nada con las pautas descritas en otros sistemas políticos, donde el interés de las mujeres y de las niñas es de manera

Cuadro 1

¿CON QUIÉN HABLAS TÚ DE POLÍTICA?

	Escuelas						
	Púb.	*Priv.*		*Hombres*	*Mujeres*	*Urb.*	*Rural*
		Laicas	*Religiosas*				
Padres	21.5	36.9	30.0	21.9	29.5	26.8	23.4
Hermanos	12.1	18.8	13.3	12.0	14.9	14.9	11.0
Maestros	20.2	23.8	22.1	18.0	25.1	20.0	22.5
Amigos	21.8	27.5	24.1	23.9	22.2	22.7	23.4
No hablo de política	44.9	44.4	45.7	46.2	43.6	45.5	44.5

	D. F.	*Edo. Méx.*	*Jalisco*	*N. L.*	*Oax.*	*Tab.*
Padres	33.1	20.9	21.1	33.2	25.9	16.5
Hermanos	20.1	10.4	12.2	16.0	12.6	7.2
Maestros	17.5	19.0	25.2	27.4	23.7	13.9
Amigos	28.7	15.9	23.0	30.8	21.4	17.0
No hablo de política	44.4	47.8	42.4	37.9	41.9	56.0

Cuadro 2

¿DÓNDE HABLAN DE POLÍTICA?

	Escuelas			Hombres	Mujeres	Urbanas	Rurales
	Púb.	Priv.					
		Laicas	Religiosas				
Casa	24.4	33.0	37.9	25.5	31.1	29.9	25.5
Escuela	29.4	31.0	26.7	27.3	31.1	28.0	30.2
Calle	10.5	18.3	9.8	12.3	10.0	10.6	12.1
Ninguna parte	46.8	44.1	48.9	48.6	44.9	47.5	46.1

	D. F.	Edo. Méx.	Jalisco	N. León	Oaxaca	Tabasco
Escuela	28.5	24.6	32.6	35.5	31.6	20.4
Calle	10.8	4.6	11.7	17.9	10.1	10.9
Ninguna parte	46.7	51.1	46.7	38.2	42.6	57.3
Casa	37.4	33.4	25.2	36.2	27.5	17.3

evidente inferior al de los hombres y niños.[2] En las escolares mexicanas se manifiesta un nivel de conversaciones tan alto como entre los varones, e incluso en algunos casos se da un interés aún mayor. Sólo cuando de amigos se trata se encuentran los mismos niveles; con los padres, hermanos y maestros, las niñas están más dispuestas a intercambiar o a escuchar ideas. Desde este punto empieza a perfilarse un proceso de socialización política diferente de acuerdo con el sexo, los varones buscando especialmente el grupo de pares, de iguales, donde el interlocutor no va revestido de una autoridad tan claramente marcada como en el caso de los padres o los maestros.

En las zonas rurales la escuela es el lugar donde más se habla de política —más que en la casa— y padres, maestros y amigos son fuentes de conversación de importancia similar. En las ciudades la casa y la escuela cumplen, en conjunto, la misma función de palestra, pero el padre es más buscado que los maestros y los amigos.

El desarrollo de los estados se antoja fundamental para permitir el crecimiento del interés político de los niños por la actividad ciudadana, como puede observarse en las diferencias advertidas entre Nuevo León y Tabasco. Pero se perciben diferencias aún más importantes cuando, por ejemplo, se examinan los lugares elegidos por los niños para hablar de política. En el Distrito Federal y en Nuevo León se dan los hogares más abiertos a las conversaciones de tema político (37 y 36%), hallándose de nueva cuenta en Tabasco las casas más reticentes o las más ineptas para que se den estas conversaciones (17%). La escuela se destaca en Nuevo León, Jalisco y Oaxaca para rezagarse otra vez en Tabasco. La calle, donde se habla siempre poco, sólo les sirve en mayor medida que a los demás a los neoleoneses.

Conviene, para lograr una imagen más nítida de los factores que determinan entre los niños el interés por el mundo político, observar cómo actúan unas variables sobre otras, de manera que se pueda llegar a una disección más precisa de los factores que coadyuvan a despertar el interés de los escolares y, saber en qué categorías se localiza y, sobre todo, tratar de ver cómo el interés crece con la edad y con la escolaridad. El ideal, que aquí no se va a cumplir, sería llegar a localizar a los niños plenamente informados e interesados por un lado y a los indiferentes o enajenados de la política por el otro. Se intentará, de todos modos,

[2] Mattei Dogan y Jacques Vardonne, *Les françaises face à la politique*, Paris, A. Colin, 1955, y S. M. Lipset, *Political Man*, New York, Doubleday & Co., 1960, pp. 182-185. En lo que se refiere al interés de las niñas, véase Herbert H. Hyman, *op. cit.*, p. 26.

perfilar las grandes tendencias y destacar la influencia de los factores más importantes.

La ocupación del padre tiene un peso fundamental en las orientaciones de los hijos hacia la política, y en el interés que hacia ella desarrollan. Cuanto más alto es el prestigio de la profesión —y debe haber una correlación entre prestigio y status socio-económico— más se busca a dos interlocutores, a los padres y a los amigos; los maestros, en estos grupos, pierden relativamente la función de conversadores políticos de los escolares. Esto resulta casi obvio cuando al prestigio de una ocupación —al de los profesionistas o al del empresario— se suma un nuevo factor capaz de aumentar el status del niño, como es el educarse en un establecimiento privado. Al producirse esta situación (prestigio de la profesión más prestigio de la escuela) la distancia entre el padre y el maestro aumenta, como puede verse en la gráfica 1. Y esta separación no se amplía por la caída del maestro sino por la subida del prestigio del padre ante los ojos de su hijo. El padre, al elevarse en la escala social, no sólo tiene un interés en hablar con su hijo sino que además aumenta la posibilidad de hacerlo por tener la información necesaria para alimentar la conversación política.[3] Quienes mejor educados están y más ricos son están más interesados en la política, por advertir más claramente en los de menor escolaridad y peor situación económica los efectos que la política puede tener sobre su situación. Además, para que haya una conversación debe existir una serie de actitudes previas compartidas por los interlocutores, y en los grupos de alto status las diferencias sociales y económicas entre los maestros y los escolares que les son confiados son mucho más perceptibles que en los grupos de prestigio medio y bajo, donde la separación se diluye en parte o incluso las relaciones de status llegan a invertirse. En los grupos de alto status el padre y el amigo son, el primero forzosamente y el segundo seguramente, miembros de una misma categoría social.

La actividad del padre puede convertirse en un factor que incida negativamente sobre el monto de conversaciones; por ejemplo, resulta sorprendentemente bajo el número de hijos de funcionarios que en las escuelas privadas hablan de política con sus amigos, con lo que los padres se convierten en una fuente privilegiada de información: se habla dos veces más con el padre que con los amigos. Las críticas constantemente enderezadas a los servidores del Estado pueden llevar a sus hijos a refugiarse principalmente en la conversación padre-hijos-hermanos, libre de la permanente censura presente entre los niños de la misma edad

3 Para todo lo que se refiere al deseo de información y participación, Lester W. Milbrath, *Political Participation*, Rand McNally Co., Chicago, 1965.

Gráfica 1

¿CON QUIÉN HABLAS DE POLÍTICA?

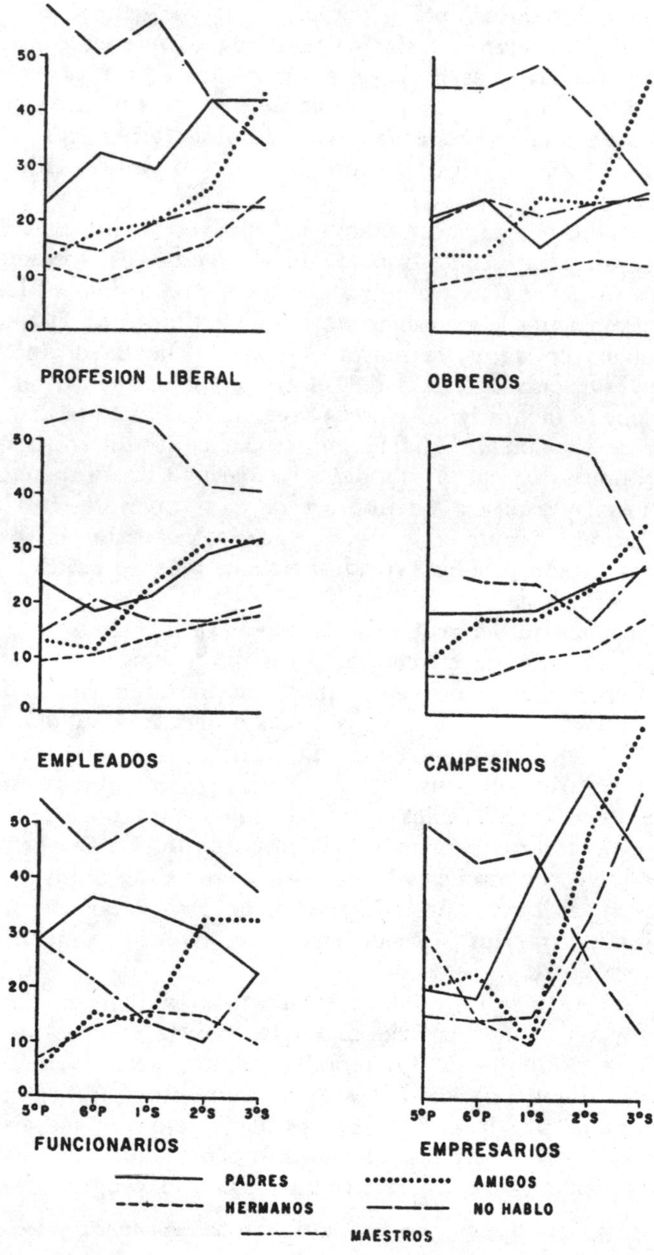

y categoría social pero con padres ocupados en otras actividades (profesionistas o empresarios, por ejemplo), por lo general acerbamente críticas de los funcionarios y de los políticos, a quienes consideran en una misma categoría. Los hijos de funcionarios educados en establecimientos oficiales no siguen estas pautas de comportamiento: sus padres, seguramente de menor jerarquía en la administración, no son objeto de la misma censura, lo que facilita la relación de sus hijos con sus compañeros.

Entre la prole obrera y campesina la situación se invierte. Entre los primeros, vayan a la escuela que vayan, el maestro es ligeramente más buscado que el padre. Las razones de su elección pueden ser las mismas que se adujeron antes al examinar el caso de los niños de grupos de alto prestigio: el mayor status, la mayor voluntad y la mayor información, situados en este caso del lado del maestro, dado que su prestigio es superior o por lo menos igual al del obrero o al del campesino. La relativa subida de los amigos refleja también las contradicciones que sufre el hijo del obrero que con ayuda de la escolaridad va escapándose de su condición social y aspira a un nuevo estatus a través del logro de una nueva ocupación, distinta a la de su padre.[4] Ya asistan a los establecimientos del Estado o a los privados, hablan más de política en la escuela que en la casa.

La heterogeneidad del grupo campesino lleva a introducir una nueva serie de matices, aunque en conjunto las diferencias entre estos niños y los que tienen padres no campesinos son bastante claras. Los hijos de los campesinos que asisten a las escuelas públicas, al igual que los hijos de los obreros, encuentran en la escuela un lugar más propicio que su casa para exponer sus ideas políticas y prefieren el maestro al padre para estos intercambios —son el único caso donde el maestro es la fuente de información oral más importante. En las escuelas privadas, aunque en proporciones menos importantes, los hijos de los campesinos siguen las pautas de información de los grupos de alto status social (quizás porque los hijos de estos campesinos realmente pertenecen a tales grupos).

La influencia de estas variables es aún más evidente cuando se desglosan con ayuda de la escolaridad. En la medida en que los escolares van pasando de año los de los establecimientos privados hablan cada vez más en su domicilio; los de los establecimientos públicos tienen en este renglón una subida casi imperceptible y, aunque los asistentes a las escuelas privadas y públicas encuentran con ayuda de la escolaridad un centro de conversación en la escuela misma, la progresión es mucho

4 Véase el capítulo: "Aspiraciones sociales, sistema económico y tecnocracia".

más evidente en las privadas. A pesar de esta progresión entre 5º de primaria y 3º de secundaria, debe tenerse en cuenta que el salto en verdad perceptible se da entre 2º y 3º de secundaria. El primer año del ciclo secundario va a presentar en todos los casos una caída del interés que se puede atribuir al cambio de escuela, porque la caída se manifiesta en que no progresan las conversaciones con los maestros, por ser éstos tan desconocidos como las propias escuelas para los de 1º de secundaria. Este fenómeno va a reflejarse en una disminución del interés, manifestado por todas las variables independientes.

Cuando de los padres se trata, entre los niños de los establecimientos privados y públicos se advierten notorios cambios; en las escuelas oficiales las conversaciones con el padre se estancan en los alrededores del 20% a lo largo de los cinco años escolares en los que se encuestó; en cambio, el padre es un conversador político cada vez más apreciado en las escuelas privadas: en 2º y 3º de secundaria hablan con él dos veces más que en las oficiales. Pese a la importancia del padre, el grupo de iguales presenta, también en las escuelas privadas, una importancia aún mayor por la rapidez con que los compañeros se van convirtiendo en los interlocutores por excelencia para la conversación política: si ésta se duplica con el padre entre 5º de primaria y 3º de secundaria, la conversación con los amigos se triplica entre estos mismos dos puntos, aunque en 5º de primaria los compañeros están por abajo de los padres; igual sucede en las escuelas oficiales, donde casi también se triplican las charlas políticas entre amigos. La pérdida de atractivo padecida por los maestros de las escuelas oficiales es patente, y la importancia adquirida por éstos, sobre todo a partir de 2º de secundaria, en las escuelas privadas, no alcanza de todos modos a la que para quienes a ellas asisten tienen los padres y los amigos. Lo mismo sucede con los hermanos, cuya importancia va aumentando año tras año entre los escolares "privados", mientras que en las escuelas públicas oscilan entre el 10 y el 15 por ciento.

Las conversaciones acumuladas en cada año escolar son igualmente reveladoras: si entre los puntos extremos de la muestra suben de 68 a 96 por ciento en los establecimientos públicos, en los privados pasan de 71 a 154; y si en 3º de secundaria el 34 de quienes son educados por el Estado aún no hablan de política, esto sólo se presenta entre el 24 de quienes tienen recursos para educarse por su cuenta.

Las fuentes de información y, por añadidura de socialización y politización, son pues mucho más diversificadas y se acumulan entre los escolares de los establecimientos privados. En ellas los escolares acuden especialmente a sus amigos para discutir la vida política, como en sus

Gráfica 2

Escolaridad por tipo de escuela

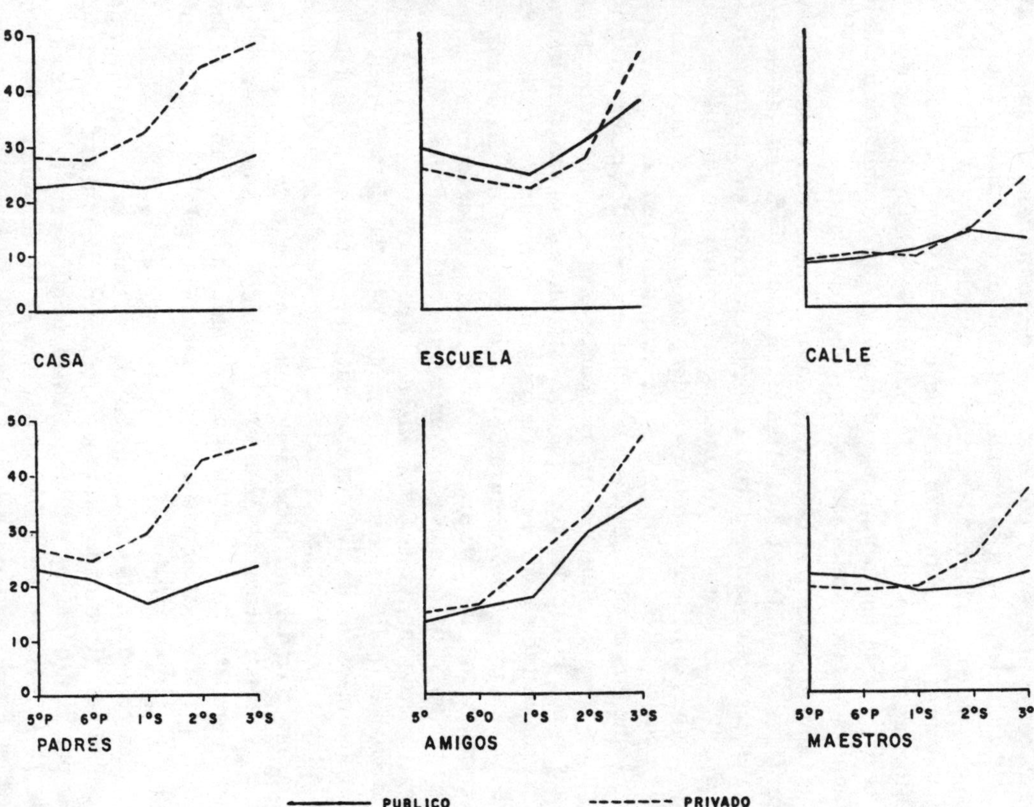

casas acuden a sus padres y a sus hermanos, buscando también al maestro. Con mayor o menor intensidad hablan en todas partes y la tendencia de las curvas indica claramente cómo este interés es cada vez más acusado, cómo la política va llamando a estos niños y muchachos cada día con mayor intensidad.

La escolaridad tiene una importancia mucho mayor que la edad en sí, entre otras cosas porque en los establecimientos educativos mexicanos casi no hay coincidencia entre la edad y la escolaridad. (Véase el análisis de la muestra en el Apéndice.) Pese a ello, al examinar a los niños de acuerdo con los grupos ocupacionales paternos se cae de inmediato en un hecho ya señalado: en la brusca subida de la indiferencia entre los 11 y los 12 años, que debe corresponder con el paso a la escuela secundaria, y el probable cambio de grupo. Esta indiferencia súbita repercute *grosso modo* en hablar menos con el padre y con los amigos. A partir de este punto álgido los indiferentes se van borrando paulatinamente aunque no en todos los grupos se observan los mismos crecimientos del interés: de los seis que se analizaron, en cuatro de ellos (profesionistas liberales, empresarios, funcionarios y obreros) entre los 14 y los 15 años se da el que quienes hablan de política superan a quienes no lo hacen; en los otros dos grupos (empleados y campesinos) aparece entre los interesados y los indiferentes una aplastante mayoría de estos últimos: son los grupos enajenados por excelencia. La importancia de la escolaridad —de ir aprobando y pasando de año— salta a la vista cuando se comparan las curvas de los indiferentes en la gráfica 3.

Además del repunte de la indiferencia en 1º de secundaria, el momento donde se detiene la curva —3º de secundaria— varía mucho de altura si se compara la edad y la escolaridad en los grupos de hijos de funcionarios, obreros y campesinos. En los primeros, a partir de 2º de secundaria van desapareciendo los indiferentes, pero en ningún momento llegan a dominar sobre los interesados y esto se debe a que abandonan las conversaciones con los padres, ganando los amigos el lugar perdido por éstos; los obreros se interesan obviamente por la vida política desde 2º de secundaria —al igual que los campesinos— y lo hacen encontrando sus interlocutores entre sus iguales, de manera tal que quienes llegan a 3º de secundaria se hallan mucho más involucrados que quienes tienen 15 años: en estos dos últimos grupos el lograr un triunfo escolar y, además, social los empuja a una forma de participación como la conversación sobre temas políticos. Debe destacarse el comportamiento de los hijos de los empresarios, por gran diferencia el grupo más involucrado en la charla política. La progresión de su inte-

Gráfica 3

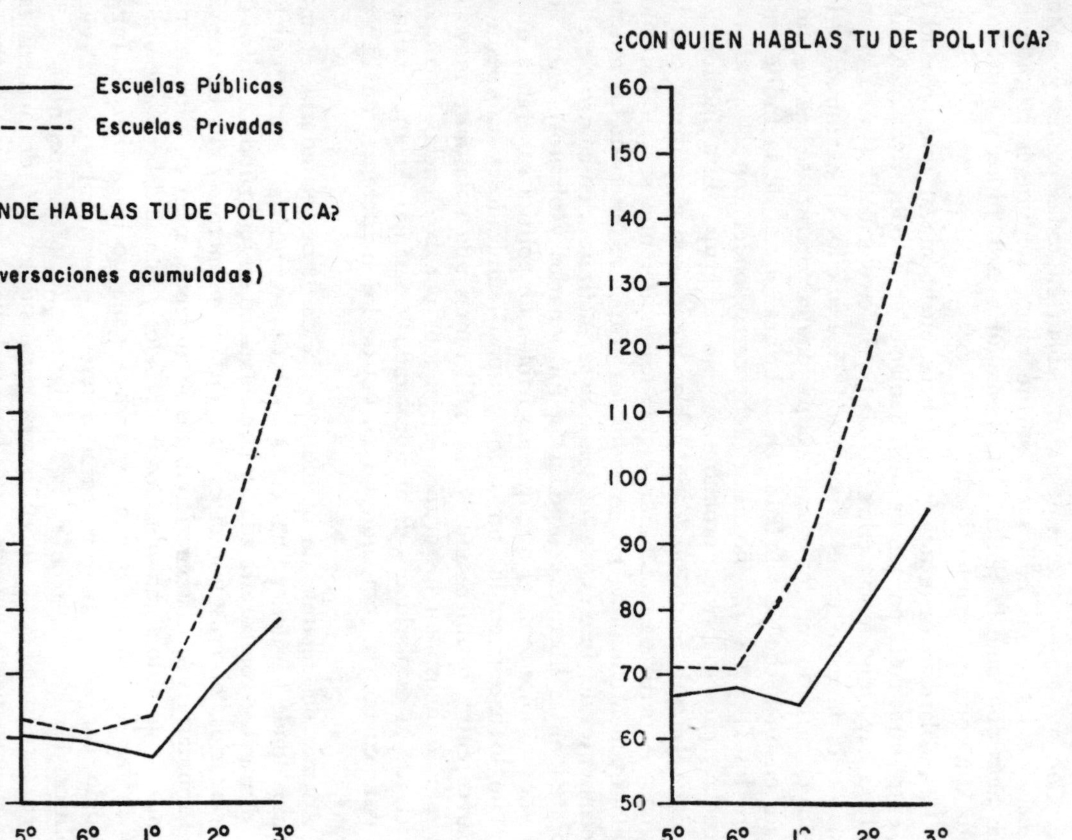
Escuelas Públicas
Escuelas Privadas
¿DONDE HABLAS TU DE POLITICA?
(Conversaciones acumuladas)
120
110
100
90
80
70
60
50
5º
6º
1º
2º
3º
¿CON QUIEN HABLAS TU DE POLITICA?
160
150
140
130
120
110
100
90
80
70
60
50
5º
6º
1º
2º
3º

rés es, a todas luces, espectacular: en 3º de secundaria sólo un 12% se mantienen al margen de los temas políticos; los demás, o sea casi todos los retoños de empresarios, hablan con todo el mundo. Si hay un grupo interesado y con ansias de participar, es éste, aunque no sea, como se verá en el capítulo siguiente, el que mayor provecho saca de su interés.

CAPÍTULO II

LOS QUE SABEN Y LOS QUE NO SABEN: LA INFORMACIÓN POLÍTICA

En este capítulo se considera información la simple percepción de determinados "objetos" políticos —personas, instituciones, acciones de la vida política— independientemente de connotaciones afectivas o evaluativas. El intento radica en conocer el nivel de información de los grupos de niños y ver las diferencias de nivel entre estos grupos, de manera tal que se pueda señalar cuáles grupos saben más cosas que los demás, y están mejor informados de los elementos esenciales de la vida política de México.

El conocimiento de un sistema político puede considerarse, en un plano teórico, como una serie de percepciones jerarquizadas.[1] Esta jerarquía no se corresponde sólo con las preferencias de las personas que la perciben sino con el papel específico de cada uno de los actores o instituciones inscrito en el sistema. Esto puede advertirse, por ejemplo, en los sistemas parlamentarios republicanos, donde la figura del primer ministro, del canciller o de la persona que ocupe el cargo de jefe del ejecutivo, el depositario real del poder, es más conocida que la del Presidente de la República. Willy Brandt era ampliamente más conocido dentro y fuera de Alemania que el Presidente Heinemann, del mismo modo que Brejnev aplasta a Podgorny y Oliveira Salazar opacaba al almirante Américo Thomaz. La jerarquización de la información —rangos de percepción— corresponde a la realidad del sistema y no al orden constitucional.

Dentro de esta escala jerárquica serán los actores, cargos o instituciones más directamente vinculados al actor principal quienes sigan en el orden de percepción. Lo mismo puede decirse de las funciones

1 Richard R. Fagen, *Politics and Communication*, Boston and Toronto, Little, Brown and Co., 1966, pp. 72 *s.*

cumplidas por cada uno de los actores: las más conocidas serán aquellas que mejor coincidan con el papel y sean rasgos excepcionalmente sobresalientes.

La jerarquía de la información

En México, la figura del Presidente de la República aplasta con su imagen a quienes le siguen más de cerca. Exactamente el 90 por ciento de los niños que participaron en la encuesta conocían su nombre: en ningún otro caso se volverá a encontrar una cifra de tal magnitud. El conocimiento parece ser función del cargo, puesto que las personas más conocidas dentro del personal político son los antiguos presidentes, y lo son tanto más cuanto más cercano es su período presidencial al momento de la encuesta: el 74.5 por ciento de los niños pudieron escribir el nombre del Lic. Adolfo López Mateos (1952-1958) y el 62.4 conocían el del general Lázaro Cárdenas (1934-1940).[2]

Junto a este altísimo conocimiento del Presidente encontramos un igualmente elevado conocimiento de algunos elementos asociados al origen de su autoridad: el 86 por ciento pudo señalarle como el candidato del PRI a la presidencia de la República, cinco años después de haber sido elegido, y el 79 sabía que duraba seis años en el cargo. La vinculación entre el Presidente y el Partido Revolucionario Institucional es ligeramente más conocida que el propio partido en cuanto tal, dado que el 82 le marcaron en una lista donde se mezclaban los partidos políticos existentes en México y algunos inventados, pudiéndose suponer que el Presidente de la República actuó como un "estímulo" para recordar en algunos niños la existencia del PRI.

El rasgo más sorprendente de todos cuantos componen la figura del Presidente y de su cargo es el relativamente bajo número de niños (71 por ciento) que ven en él a un hombre elegido, sobre todo si se tiene presente a todos los que le conocen, por lo menos de nombre. No deja de sorprender que 72 niños (el 2 por ciento) señalaran al Lic. Luis Echeverría como Presidente y al Lic. Díaz Ordaz como ex Presidente, justo unos días después de haber sido el primero de ellos postulado candidato a la presidencia de la República por un sector del partido.

El Presidente de la República y el Partido Revolucionario Institucional son, pues, para el niño mexicano, los dos hechos más conocidos de su sistema político.

El gobernador de un Estado de la República baja hasta el octavo

[2] Sobre el *papel* del Presidente, véase el capítulo, El Presidente, el orden y la ley.

lugar en la pirámide de información. Por tratarse de cargos teñidos de regionalismo y por incidir sobre estas figuras el calendario electoral, conviene iniciar su examen por la variable fundamental, en este caso la entidad federativa, sede y límite de sus mandatos.

Colocados ocho escalones debajo del Presidente —si nos atenemos a un promedio nacional— los gobernadores suben o bajan de acuerdo con el Estado que rigen. En Oaxaca el recién elegido gobernador es conocido por el 82.7 por ciento de los niños de la entidad y en Jalisco sólo por 56, límite inferior de la información sobre los gobernadores. El Distrito Federal debe ser considerado un caso aparte por no tener un gobernador elegido y por estar el cargo de Jefe del Departamento del Distrito Federal aplastado por la presencia del Presidente en la capital de la República. El alto grado de conocimiento personal del Lic. Alfonso Corona del Rosal en cuanto hombre político (52 por ciento) no lo lleva a emparejarse tan siquiera con el gobernador menos conocido.

El radicar el gobernador en la capital del Estado, además del mayor nivel de información de los niños urbanos, interviene seguramente en que los escolares de los establecimientos urbanos le conozcan mejor, y los varones, a veces más atentos a la política que las niñas, también lo conocen mejor, al igual que los asistentes a los colegios privados y más aún los que estudian en los religiosos.

Los hijos de los profesionistas liberales pueden escribir el nombre del gobernador con mayor frecuencia (76) que los demás, siendo los artesanos los menos perceptivos (56) de estos hombres y colocándose los hijos de los obreros casi en el mismo plano.

Que la figura del gobernador se haga presente a medida que los niños van cumpliendo años no puede sorprender pero tampoco puede pasar inadvertida la magnitud del crecimiento: del 48 por ciento a los diez años, salta hasta el 81 a los quince. Ninguna información crece en esa proporción.

Los presidentes municipales se hallan cuatro escalones más abajo, en treceavo lugar. Merece destacarse que en el Estado de Nuevo León son casi tan conocidos como el gobernador y que en Jalisco son mejor identificados que el propio mandatario del estado. Por lo demás, su conocimiento se acopla a las pautas hasta ahora vistas, con dos excepciones muy importantes y que revelan su carácter local: identificados en un 63 por ciento por los hijos de los campesinos, sólo los son en un 32 por los de los profesionistas liberales. En las escuelas rurales son figuras primordiales (70), sobre todo si se compara esta cifra con la arrojada por las escuelas urbanas (51).

El PRI, partido en el poder bajo diferentes denominaciones desde

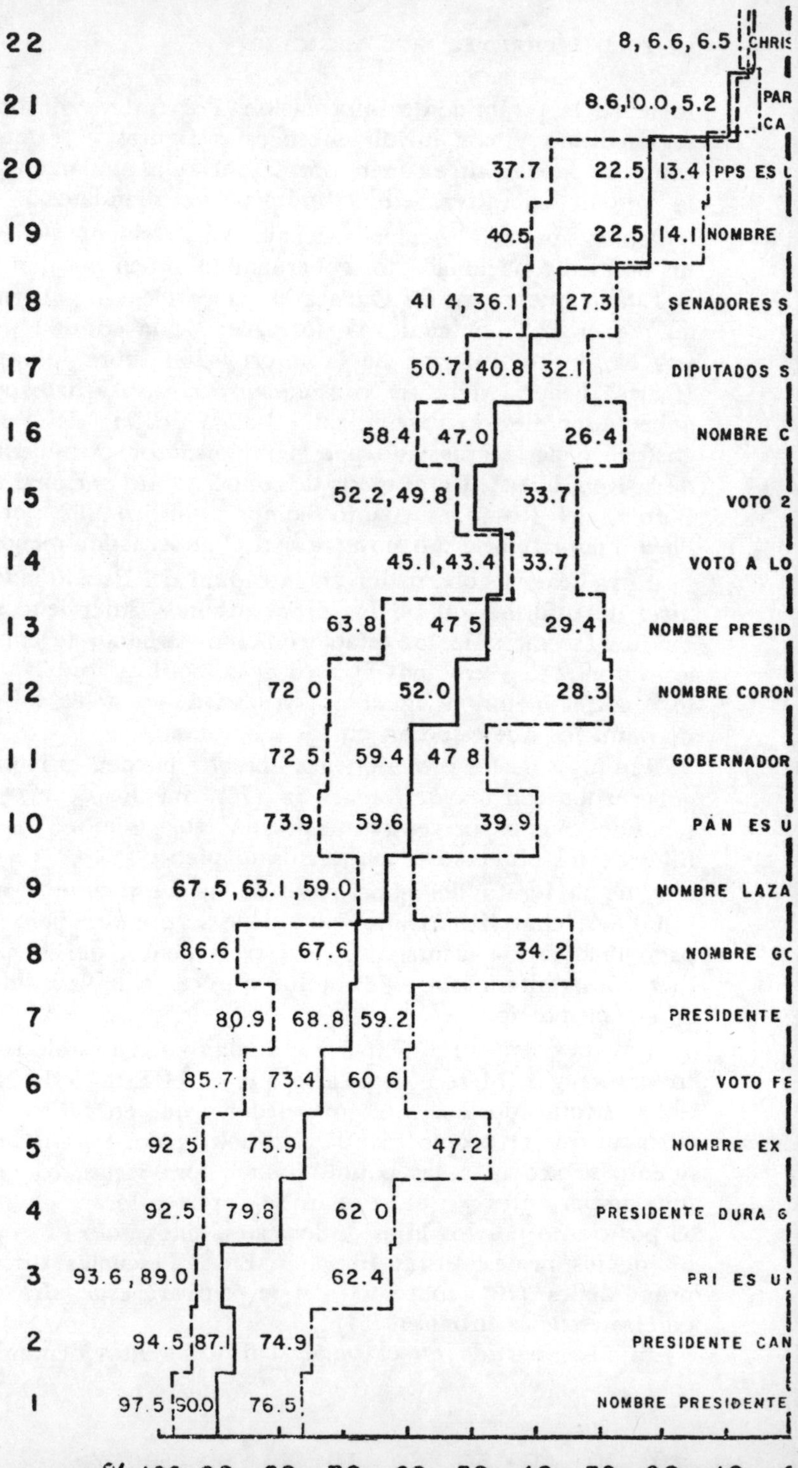

ESCUELAS PÚBLICAS
Gráfi
22
8, 6.6, 6.5
CHRIS
21
8.6,10.0, 5.2
PAR
CA
20
37.7
22.5
13.4
PPS ES
19
40.5
22.5
14.1
NOMBRE
18
41 4, 36.1
27.3
SENADORES S
17
50.7
40.8
32.1
DIPUTADOS S
16
58.4
47.0
26.4
NOMBRE C
15
52.2, 49.8
33.7
VOTO 2
14
45.1, 43.4
33.7
VOTO A LO
13
63.8
47 5
29.4
NOMBRE PRESID
12
72 0
52.0
28.3
NOMBRE CORON
11
72 5
59.4
47 8
GOBERNADOR
10
73.9
59.6
39.9
PAN ES U
9
67.5, 63.1, 59.0
NOMBRE LAZA
8
86.6
67.6
34.2
NOMBRE GC
7
80.9
68.8
59.2
PRESIDENTE
6
85.7
73.4
60 6
VOTO FE
5
92 5
75.9
47.2
NOMBRE EX
4
92.5
79.8
62 0
PRESIDENTE DURA 6
3
93.6, 89.0
62.4
PRI ES UN
2
94.5
87.1
74.9
PRESIDENTE CAN
1
97.5
90.0
76.5
NOMBRE PRESIDENTE
%
100
90
80
70
60
50
40
30
20
10

ca 1

ESCUELAS PRIVADAS

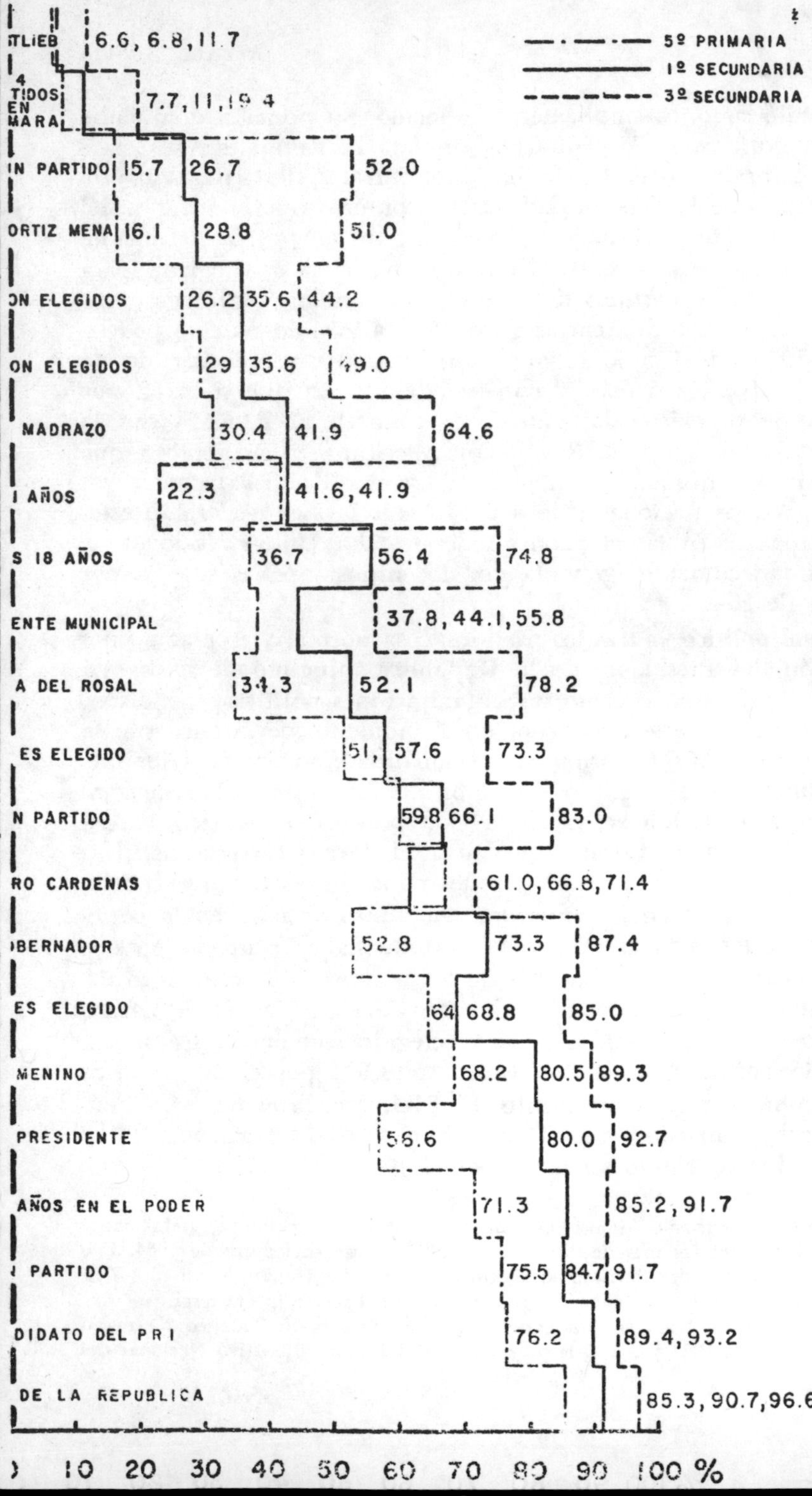

— · — · — 5º PRIMARIA
——— 1º SECUNDARIA
- - - - 3º SECUNDARIA

TLIEB 6.6, 6.8, 11.7

4 TIDOS EN MARA 7.7, 11, 19.4

N PARTIDO 15.7 26.7 52.0

ORTIZ MENA 16.1 28.8 51.0

ON ELEGIDOS 26.2 35.6 44.2

ON ELEGIDOS 29 35.6 49.0

MADRAZO 30.4 41.9 64.6

AÑOS 22.3 41.6, 41.9

S 18 AÑOS 36.7 56.4 74.8

ENTE MUNICIPAL 37.8, 44.1, 55.8

A DEL ROSAL 34.3 52.1 78.2

ES ELEGIDO 51, 57.6 73.3

N PARTIDO 59.8 66.1 83.0

RO CARDENAS 61.0, 66.8, 71.4

BERNADOR 52.8 73.3 87.4

ES ELEGIDO 64 68.8 85.0

MENINO 68.2 80.5 89.3

PRESIDENTE 56.6 80.0 92.7

AÑOS EN EL PODER 71.3 85.2, 91.7

PARTIDO 75.5 84.7 91.7

DIDATO DEL PRI 76.2 89.4, 93.2

DE LA REPUBLICA 85.3, 90.7, 96.6

0 10 20 30 40 50 60 70 80 90 100 %

hace casi medio siglo, es ampliamente conocido. Su posición dominante en la escena política, su implantación en toda la República, sus organizaciones electorales, juveniles, sindicales, culturales, deportivas, su propaganda, además de la ambigüedad de las fronteras que lo separan del aparato propiamente gubernamental —es, según su propia definición, un *partido de gobierno*— le confieren una posición privilegiada para darse a conocer. Los partidos de la oposición andan a su zaga, pero entre ellos se establecen diferencias claras. Simplificando mucho, podríamos decir que para el niño la oposición se compone del Partido de Acción Nacional y los demás, y esto se advierte en que si el 62 por ciento saben de su existencia, sólo el 26 conocen al PARM (con la inmensa ventaja de figurar la Revolución Mexicana en su nombre, que puede inducir a confundirlo con el PRI) y el 26 al PPS, pese a ser todos ellos partidos nacionales de acuerdo con la Ley Federal Electoral, y participantes en las elecciones federales. La Unión Nacional Sinarquista es virtualmente ignorada por los niños: apenas si el 6 por ciento saben de ella.

El personal político va tras los partidos, cosa normal y esperada, pues con excepción del Presidente de la República, ninguno de ellos está tan "expuesto" al público como las organizaciones políticas partidistas. La diversidad de los cargos ocupados en el momento de la encuesta, la diferencia de su *cursus honorum,* su personalidad, su acceso a los medios de comunicación, reducen los términos que los hacen realmente comparables. Su participación activa en la vida política de México, ya sea en el poder o en la oposición, y la duración de sus carreras políticas son los dos únicos rasgos comunes a todos ellos. Sin embargo encontramos en este caso como en los anteriores un punto decisivo en la pertenencia o no pertenencia al PRI y sobre todo haber ocupado puestos elevados en la jerarquía del partido. De los nombres de políticos, artistas, deportistas y locutores de T.V. sometidos a los niños, el de Lázaro Cárdenas, como ya se ha señalado, es el elegido con mayor frecuencia (62), seguido por A. Corona del Rosal, conocido por el 52 y Carlos Madrazo, también antiguo presidente del PRI, que lo es del 44. Finalmente aparecen Antonio Ortiz Mena, Secretario de Hacienda, 27 y A. Christlieb Ibarrola, sólo señalado por el 8.[3]

[3] El general y licenciado Alfonso Corona del Rosal fue presidente del Comité Ejecutivo Nacional desde el mes de diciembre de 1958 hasta diciembre de 1964. Fue posteriormente Secretario del Patrimonio Nacional y jefe del Departamento del Distrito Federal, cargo que desempeñaba en el momento de hacerse la encuesta.

El licenciado Carlos Madrazo fue gobernador del Estado de Tabasco de enero de 1959 a diciembre de 1964 y ocupó la presidencia del Comité Ejecutivo Nacional del

Un fenómeno aparece de inmediato: los presidentes del PRI son inmensamente mejor conocidos que el jefe nacional del PAN. La proporción no guarda relación alguna con el conocimiento de los partidos. El PRI parece, en este sentido, tener un peso definitivo, pues incluso uno de los Secretarios de Estado más importantes se situó muy lejos de ellos, a pesar de estar aún en el gabinete, y que uno de los ex presidentes priístas no figuró jamás en él.

Debemos añadir algunas observaciones sobre este último punto que quizás ayuden a explicar estas disparidades de la percepción. Es probable que los niños vean en los Secretarios de Estado a funcionarios y no a políticos, que confieran un carácter puramente técnico a su función. La explicación se nos antoja más hallarla en la "saliency" –relieve– del cargo dentro del gabinete, en la mayor posibilidad de un Jefe del D.D.F. de llegar a un público mucho más amplio a través de los medios de comunicación de masas, superior desde luego a la de un Secretario de Hacienda cuyo "público" es más restringido y especializado, como se verá más adelante. Al fin y al cabo, la función de un partido, y sobre todo la de un partido hegemónico, es una función de apoyo al gobierno y de movilización popular; por consiguiente de contacto, publicidad y propaganda.

Si los hombres en el gobierno y en el partido son conocidos, cómo llegan los primeros al segundo lo es mucho menos. El niño mexicano sabe que puede votar y se propone votar al ser mayor de edad, como se verá más adelante, pero no siempre sabe con precisión para qué sirve el voto.

Como en los casos anteriores, los niveles más altos de información corresponden al Presidente de la República. El 71 por ciento lo señalan como un hombre elegido para ocupar su cargo,[4] situándose claramente delante de gobernadores (60), diputados (38) y senadores (33). El proceso electoral resulta sólo conocido por más de la mitad de los niños en lo que se refiere al Presidente de la República y a los gobernadores de los Estados de la Federación.

El derecho de votar es, a pesar de lo anterior, un hecho ampliamente difundido. El 47 por ciento señala a los 18 años como la edad que confiere la capacidad de votar y el 44 señala los 21 años, lo cual

PRI de diciembre de 1964 a noviembre de 1965. Llevaba pues casi cuatro años sin ocupar ningún cargo público cuando se levantó la encuesta.

El licenciado Antonio Ortiz Mena, director del Instituto Mexicano del Seguro Social (1952-1958) y secretario de Hacienda y Crédito Público desde 1958 a 1970.

[4] En las elecciones del Presidente de la República efectuadas en julio de 1970 votó el 64.95% de los electores empadronados.

da un agregado de 91 de respuestas exactas, puesto que ambas lo eran en ese momento.[5] Señalemos finalmente una cifra igualmente alta (73) de niños informados sobre el derecho a votar de las mujeres mexicanas.

Los niveles de percepción no son iguales en todos los Estados de la República, ni en todos los grupos sociales. Varían también de acuerdo con el sexo de los entrevistados y en función de la escuela donde éstos se educan.

La escuela como centro de información

Este último agente socializador, la escuela, ha sido quizás el más debatido sin haberse aportado nunca una prueba empírica de los posibles tipos de información, actitudes o ideologías por ellas transmitidas a sus alumnos. Las escuelas en México no son completamente iguales: las hay públicas —ya sean federales, estatales o por cooperación— y las hay privadas, y entre estas últimas pueden distinguirse las laicas de las confesionales, llegándose así a una serie de subdivisiones a medida que se vayan introduciendo nuevos elementos en su clasificación. A pesar de una diversidad real, se advierten elementos homogeneizadores igualmente poderosos, como lo es la vigilancia de la SEP o de las direcciones de educación de los Estados; la obligación de seguir programas de estudio establecidos por las autoridades públicas y la existencia, en la escuela primaria, de un solo juego de libros gratuitos, redactados, impresos y distribuidos por una Comisión donde la presencia del Estado es avasalladora. Las escuelas no deben *a priori* ser agentes socializadores diversificadores *per se:* es más, pueden ser agentes socializadores fundamentales, capaces de transmitir un juego de conocimientos muy poco diversificado ideológicamente.

Pese a ser los niveles bastante iguales en las respuestas a las preguntas de pura información política, los niños de las escuelas privadas están ligeramente mejor informados. Sólo en 9 de las contestaciones la diferencia es de más de un 5 por ciento y sólo en dos casos supera al 10. De todos modos la persistencia de las diferencias en favor de las escuelas privadas permite suponer una información consistentemente más

[5] La iniciativa de ley para reformar el artículo 34 de la Constitución y conferir la ciudadanía —y con ella el derecho de voto— a los 18 años fue presentada por el Ejecutivo el 20 de noviembre de 1968 y fue promulgada el 19 de diciembre de 1969. La parte más importante de la encuesta se hizo dos meses antes de la promulgación y cuando la modificación del artículo 34 de la Constitución era ampliamente debatida y divulgada por los medios de comunicación de masas.

elevada en los alumnos de estas escuelas. Resultan más ilustradoras las diferencias que aparecen dentro de las escuelas privadas de acuerdo con su orientación laica o religiosa, sin que por ello supongamos que la religión o el laicismo tengan una relación de tipo alguno con los conocimientos políticos, entre otras cosas porque no se advierten grandes diferencias en cuanto a religiosidad, medida subjetivamente, entre quienes frecuentan unos u otros establecimientos.

Cuadro 1

TÚ TE CONSIDERAS

Religiosidad	*Escuelas*		*Hombres*	*Mujeres*	*Urb.*	*Rur.*
	Púb.	*Priv.*				
Muy religioso	9.7	11.0	9.4	10.9	9.5	10.9
Religioso	57.8	64.5	57.4	64.0	61.8	58.1
Poco religioso	27.6	20.8	28.0	21.5	24.2	26.5
Nada religioso	4.2	2.9	4.6	2.7	3.8	3.7

Debemos de todos modos señalar ciertas pautas que parecen desprenderse de estos datos en lo que hace a la orientación de la percepción de los alumnos de los dos tipos de escuelas privadas.

Siendo en todos los casos un conocimiento puramente fáctico (nombres y hechos), los niños de los establecimientos escolares religiosos señalan con mayor frecuencia los nombres del personal político, gubernamental, y conocen con mayor frecuencia el nombre de los dos partidos políticos principales; por el contrario, los niños de las escuelas privadas laicas tienden a conocer mejor la definición de la Constitución —como aparece en libros de texto gratuitos—, cuáles son los cargos de elección popular y sobre todo conocen mejor que los otros a Lázaro Cárdenas y Carlos Madrazo, quienes fueron considerados, aunque en planos radicalmente disímiles, críticos del gobierno, sobre todo el segundo.

Al igual que en el análisis anterior se observaron entre las escuelas urbanas y las rurales diferencias pequeñas pero consistentes en favor de los escolares urbanos, excepto en aquellos casos donde la persona o instituciones donde se contrasta la información tienen una vinculación especial con el mundo rural.

Las diferencias aparecen desde el nombre del Presidente de la República (91 en las escuelas urbanas contra 88.5 en las rurales) y van aumentando, estableciéndose las diferencias en torno a un 10 por ciento menos en los casos antes señalados. Los casos extremos se advierten sobre todo en la información sobre el personal político nacional (autoridades federales) y las locales, así como en aquellos fenómenos políticos muy recientes, como el cambio en la edad ciudadana. El conocimiento de los partidos no presenta disparidades tan agudas, seguramente porque la acción de éstos es tanto nacional como local, y su presencia tiene las mismas características, a pesar de tender, sobre todo los partidos de oposición, a ejercer su actividad fundamental de propaganda y enrolamiento en los centros urbanos, a lo que debe añadirse la acción de los medios de comunicación de masas y la mayor intercomunicación de los centros urbanos.[6]

De las autoridades locales, el gobernador es mejor conocido en los medios urbanos y los presidentes municipales son figuras más populares en los medios rurales.

Niños y niñas

Al igual que en los medios urbano y rural, se encuentran diferencias consistentes y no muy marcadas cuando se examina la información poseída respectivamente por los niños y las niñas.

Sólo en dos preguntas sobre información, las niñas probaron saber más que los niños. El 73 por ciento de ellas sabía que la Presidencia de la República era un cargo electivo contra 70 de los niños. Naturalmente, estas diferencias minúsculas y carentes de significación se acentúan claramente al preguntar por el voto femenino: 76 de ellas conocían este derecho y sólo el 70 por ciento de los niños sabían de su existencia.

Los desniveles de información que se presentan entre los niños y las niñas, consistentes pero no muy importantes, no coinciden con el mayor interés manifestado por las niñas. Varias explicaciones pueden hallarse: en primer lugar, una postura más pasiva debido al tipo de interlocutores más frecuente entre las mujeres (el padre, el maestro) frente al buscado por los varones (el grupo de iguales). Un mundo más reducido, censuras familiares más fuertes, intereses orientados hacia otra literatura, hacen que el interés femenino no corresponda con los resultados que podrían esperarse. Estos límites de la información política se advierten al observar cómo sólo una autoridad, la más local de todas, el

6 Véase Rafael Segovia, "La reforma política: El Ejecutivo Federal, el PRI y las elecciones de 1973", *Foro Internacional*, México, El Colegio de México, vol. XIV, enero-marzo 1974, núm. 3, pp. 305-330.

presidente municipal, es muy ligeramente más conocido por las mujeres que por los hombres. El primer peldaño de la actividad política, el interés, es más femenino que masculino entre los escolares mexicanos; el fundamento mínimo de la intervención política, la información, es masculino.

La edad

Es evidente la relación que media entre la edad y la información. De acuerdo con nuestra encuesta hay una correlación directa y positiva: a mayor edad, mayor información. A pesar de no ser el único factor determinante del crecimiento de lo que el niño sabe sobre la vida y las instituciones políticas de su país, es uno de los que mejor permiten observar cómo se van manifestando las orientaciones hacia los hombres y los objetos políticos.

A los diez años el 81 por ciento conoce el nombre del Presidente, el 78 sabe que fue candidato del PRI, el 77 está informado de que podrá votar (para el 33 por ciento a los 18 años y para el 44 a los 21), el 77 reconoce en el PRI a un partido político y para el 69 el Presidente de la República fue elegido por el pueblo para desempeñar su cargo y sabe que éste dura seis años.

Como ya se ha visto con otros factores, la persona del Presidente y algunos elementos referentes a su cargo son los más conocidos desde una edad temprana. De todos los conocimientos investigados los más abundantes son todos ellos nacionales: nombre del Presidente, candidato del PRI, etc. (1º, 2º, 3º, 4º, y 5º lugares en el orden de conocimientos), mientras el gobernador viene en 6º lugar y el presidente municipal en el 10º. La visión política de los niños mexicanos escolarizados a los diez años, es en primer lugar nacional, y en segundo local, regional o estatal.

Los porcentajes de información van a aumentar con la edad en todos los casos, con excepción de dos; uno de ellos resulta realmente sorprendente. El aumento dista de ser uniforme y esto puede ayudar a precisar hacia dónde se orienta —o es orientada— la atención de los niños.

El Presidente y cuanto a él se vincula de manera directa, partiendo de los niveles más altos, sigue subiendo hasta los 15 años (y seguramente después de los 15). A esta edad ya es conocido por el 94 por ciento, el 90 asocia su candidatura con el PRI, el 86 marca correctamente la duración del período presidencial.

Proporcionalmente, lo que más sube entre los 10 y los 15 años es el conocimiento del personal político, sobre todo el de las autoridades locales. El gobernador del estado y el presidente municipal son objeto del aumento más rápido y espectacular: el primero pasa de 48 a 81 (33 por ciento de aumento) y el segundo de 32 a 61 (29 por ciento de aumento). Son seguidos por el personal político vinculado con el PRI: Corona del Rosal aumenta un 22 por ciento y Madrazo un 24, el secretario de Hacienda del gabinete de Díaz Ordaz tiene una subida también importante, aunque más modesta (14.5). Por el contrario, el líder nacional del PAN, Christlieb Ibarrola, no logra sobrepasar el 10 por ciento en ningún momento y el nombre del general Lázaro Cárdenas presenta —junto con la Unión Nacional Sinarquista— una caída en el nivel de información de los niños.

Las instituciones y algunos elementos de la vida política (partidos y elecciones) no alcanzan, en conjunto, la misma tasa de crecimiento, pero algunos partidos son bien conocidos a los 10 años (PRI, 77; PAN, 55) y lo serán aún más por el grupo de 15 años (PRI, 88 y PAN, 65). El PPS es el que más rápidamente sube (15) y la UNS cae de un modestísimo 6 a un insignificante 3.

Los fenómenos electorales siguen una pauta de crecimiento idéntico o casi a la de los partidos políticos: la elección de los diputados va a la cabeza con el 14 y la del Presidente a la cola con 6, lo que se explica por los respectivos niveles de donde partieron en el grupo de los 10 años.

Las entidades federativas

Las desigualdades del desarrollo regional[7] en México se reflejan en la información política de los niños; no sólo en el nivel o grado de in-

7 Las seis entidades federativas en las que trabajamos tienen los índices de desarrollo siguientes: Distrito Federal, 9.803; Nuevo León, 5.951; Jalisco, 1.283; Estado de México, 1.281; Tabasco, —0.975 y Oaxaca, —2.478, lo que les confiere los rangos 1, 3, 11, 12, 27 y 32. El Distrito Federal y Nuevo León corresponden al grupo de entidades de alto desarrollo, Jalisco y México a las de medio y Tabasco y Oaxaca a las de bajo.

Para la comprensión de algunos análisis conviene tener presentes algunos indicadores de especial importancia como, por ejemplo, el analfabetismo. En 1960 la población analfabeta alcanzaba: Distrito Federal, 83.4%; Nuevo León, 80.7%; Jalisco, 65.1%; México, 57.4%; Tabasco, 25.3% y Oaxaca, 40.8%. Este último dato puede ayudar a explicar por qué los niños de Oaxaca tienen en general una información superior a la de Tabasco, a pesar de ser Oaxaca el estado de menor desarrollo socio-económico de la República. Todos estos datos están tomados de Luis Unikel y Edmundo Victoria, "Medición de algunos aspectos del desarrollo socio-económico

formación, sino en su contenido. O sea, el estado influye no sólo cuantitativamente sino cualitativamente.

El D. F., sede de los poderes federales y polo de desarrollo económico primordial de la República, núcleo de las comunicaciones y lugar donde se localizan las universidades más importantes, es lógicamente, el centro de información por excelencia. Sus niños son los mejor informados de casi todo lo referente a la vida política nacional, y sobre todo son los primeros en saber qué sucede o va a suceder en ella.

Sus conocimientos sobre el Presidente exceden claramente a los de los niños de los estados: la distancia que necesita recorrer la información es mucho más corta y no hay otras figuras capaces de interponerse entre el Presidente de la República y el niño, acaparando o desviando la atención de éste. Autoridades federales y locales son una sola cosa para él; el jefe del Distrito Federal es nombrado por el Presidente de la República y no elegido. Todas las autoridades del Distrito Federal, como el propio Regente, son nombradas. La presencia de los poderes federales termina por opacar con su presencia a las autoridades municipales. Si el licenciado Corona del Rosal es muy conocido; lo es como político (86% en el D. F.), pero no como jefe del D. D. F. (47%). No sucede lo mismo en los estados, donde la figura del gobernador es mucho más popular. En Oaxaca un 89 por ciento puede escribir el nombre del Presidente de la República y un 83 el del gobernador; en Nuevo León y el Estado de México el 69 por ciento sabe quién gobierna al estado, el 64 en Tabasco y el 56 en Jalisco. A esto deben añadirse los presidentes municipales, conocidos por más de la mitad de los niños, llegando al 67 en Nuevo León.

Lo que un niño, viviendo en un estado, puede saber sobre el Presidente varía mucho con la localización y desarrollo del estado. Cuanto más desarrollado está un estado menor es la distancia que media entre el presidente municipal y el gobernador.

Los hombres políticos deben su conocimiento en parte a la localización geográfica de su cargo y, como venimos señalando, a su trabajo en el PRI. Corona del Rosal es conocido sobre todo en el D. F. (86 por ciento), seguido por el Estado de México (59), sometido a la información procedente del D. F. (Toluca, la capital del estado está a 60 kilómetros). Lo mismo sucede con Antonio Ortiz Mena (48 y 28 respectivamente en el D. F. y México), mientras que en los estados más o menos en el 20 por ciento. El regionalismo desempeña un papel funda-

de las entidades federativas de México, 1940-1960", *Demografía y Economía*, vol. IV, núm. 3, México, El Colegio de México, 1970. Ver *Medios publicitarios mexicanos* para prensa y T. V.

mental en el caso de Carlos Madrazo, vinculado durante parte de su carrera política con Tabasco, antes de pasar a la presidencia del PRI (63 lo conocen en Tabasco, 54 en el D. F. y 30 en Jalisco); como también lo desempeña en el caso del jefe nacional del PAN y el D. F., y en el de López Mateos y el Estado de México.

El más importante partido de oposición, fundamentalmente urbano, es tanto más conocido cuanto mayor es el grado de urbanización de un estado y con la excepción del D. F. menor es la diferencia entre los dos grandes: sobre todo aumenta el conocimiento del partido de oposición más importante.[8]

La información sobre las elecciones parece ser una clave importante para conocer las actitudes de los niños. En los estados menos desarrollados se encuentra una orientación más marcada hacia el conocimiento de una figura política, de un nombre, que hacia el proceso que le lleva a ocupar el cargo. En el caso de los gobernadores resulta muy claro: cuanto mayor es el desarrollo de un estado, menor es la diferencia entre los niños que conocen el nombre del gobernador y aquellos que saben que es elegido.

En Nuevo León y Jalisco, aquellos informados sobre el proceso electoral exceden a los que conocen el nombre del gobernador. La política puede ser para ellos, en algunos casos, una actividad desligada de los nombres, cosa que se antoja imposible en Tabasco, Oaxaca o en el Estado de México.

El conocimiento del destino del voto y de sus posibilidades aparece generalmente más alto en el D. F. que en los estados: en éstos, Jalisco y Nuevo León se muestran netamente mejor enterados que el Estado de México, Oaxaca o Tabasco.

8 Existe un paralelismo entre el voto obtenido por los partidos de oposición en los estados y el conocimiento que de estos partidos tienen los niños. En las elecciones de julio de 1970, el porcentaje obtenido por los candidatos de la oposición:

Entidad	*PAN*	*PPS*	*PARM*
Distrito Federal	28.0	2.6	1.3
Nuevo León	15.0	0.6	2.9
Estado de México	15.7	1.3	0.8
Jalisco	17.1	1.0	0.8
Oaxaca	3.0	1.9	0.4
Tabasco	0.8	1.2	0.0

Compárense estos resultados con el conocimiento de los partidos que aparecen en el cuadro 5.

Una explicación alternativa aparecería a través de la práctica democrática local, más difundida y aceptada, pues al analizar la rapidez de difusión de la información nos encontramos con un problema nuevo y es el de la autonomía, desarrollo e interés por la política de los "mass media" locales. Jalisco y Nuevo León tienen una prensa de igual calidad, por lo menos, a la del D. F.; el Estado de México o es de baja calidad o lee la del D. F.; Tabasco y Oaxaca no tienen sino una prensa puramente local. Nuevo León tiene su propia T. V.: los otros difunden la del D. F., o sea algo que no dice mucho sobre la vida local y para la vida local.

Cuando se trata de un problema en debate (voto a los 18 años) el D. F. es naturalmente el mejor enterado (67) y Tabasco, el estado menos informado, quien menos (33) sabe qué se está decidiendo.

Los padres

El grupo profesional del padre tiene un peso sorprendente en la información del niño, sobre todo si se comparan los extremos, a los hijos de los profesionistas liberales con los hijos de los campesinos. A lo largo de las seis categorías utilizadas para clasificar a todos los encuestados –dejamos aparte la categoría "otros", totalmente esquizoide en su comportamiento– se advierte una lenta disminución de su información, a medida que va cayendo el prestigio de la ocupación del padre, como seguramente va cayendo su status socioeconómico.

La ocupación del padre es un buen indicador del status socioeconómico en general, a lo que debe sumarse el interés particular de un grupo profesional por la política. Este interés está determinado por las necesidades políticas del grupo y debe corresponder con su situación dentro del sistema político y lo que de él espera o tiene posibilidades de esperar.

El cuadro 2 indica que la mayor información en casi todos los *items* corresponde con la elevación dentro de la escala social. Las dife-

Cuadro 2

	Profesión liberal	*Empresario*	*Funcionario*	*Empleado*	*Obrero*	*Campesino*
Nombre del Presidente	94.9	95.8	90.9	90.5	88.5	84.1
Duración presidencial	90.2	89.0	82.8	78.5	76.2	73.0
Elección presidencial	82.8	77.1	71.1	71.8	71.5	64.8

rencias entre los grupos van aumentando con el grado de complejidad de la pregunta. Por ejemplo, en lo que se refiere al Presidente.

Las diferencias entre los grupos informados y los no informados se van acusando. De un 10 por ciento entre los grupos extremos en el primer caso, pasan a 17 y 18 por ciento en el segundo.

Los grupos de niños, de acuerdo con la ocupación del padre, orientan con mayor o menor intensidad su atención hacia los componentes del sistema político susceptibles de favorecer la participación como, por ejemplo, los partidos políticos. No sería infundado afirmar que cuanto mayor es el conocimiento de éstos mayor será la posibilidad de intervenir en la vida política al llegar a la edad adulta y aun antes de llegar a ella, inciuso si la participación se detiene en los límites inferiores, en el simple nivel de la expresión de opiniones. Información e interés corren parejos. El cuadro 3 refleja la identificación de los partidos y, al igual que sucede con el interés por la política, la información y el interés de los niños agrupados por la ocupación del padre van decayendo con la pérdida de prestigio de las profesiones.

Cuadro 3

	Profesión liberal	*Empresario*	*Funcionario*	*Empleado*	*Obrero*	*Campesino*
PRI	93.9	91.5	91.8	82.7	79.1	74.1
PAN	81.4	79.7	61.2	59.6	56.2	54.4
PPS	37.8	35.6	33.6	26.2	22.5	19.7

Cuanto más activos son los grupos en la política, menor es la diferencia que va del conocimiento del PRI al del PAN, es decir, mejor se conoce a la oposición, la alternativa posible frente al poder, ya que el PPS, poco popular, no parece ser visto como alternativa.

Cuadro 4

	Profesión liberal	*Empresario*	*Funcionario*	*Empleado*	*Obrero*	*Campesino*
Nombre	75.7	72.9	72.0	63.7	57.5	62.5
Elección gobernador	73.0	76.3	62.5	59.6	59.8	52.4

De la misma manera se observa cómo los gobernadores son figuras cuya percepción sólo es superada por la imagen del Presidente. Hombres locales, distantes del poder central, aparentemente autónomos en sus entidades, son vistos como hombres elegidos, cosa que no sucede con diputados y senadores. La vinculación con su medio les confiere una imagen de autonomía que los cargos federales no tienen por su estrecha dependencia del Ejecutivo federal.

Esta orientación hacia la política como participación y no como subordinación frente a una decisión administrativa queda aún más en evidencia cuando se trata de un fenómeno de plena actualidad como la edad ciudadana. Los hijos de los profesionistas liberales y de los empresarios están más atentos a un cambio que les favorece: los que tenían 12 años o más durante la encuesta podrán votar en la elección presidencial futura (1976) y su interés lo prueban en su alcance más rápido de la información (59 y 61%), mientras obreros y campesinos, más atentos proporcionalmente a los nombres ya establecidos en el sistema político, manifiestan un interés menor por el hecho político en sí (42% en ambos casos); misma diferencia que se aprecia en lo que hace al voto femenino (87 y 85 contra 69 y 61). Es casi segura la influencia de la posición en la red de comunicación para llegar antes o más tarde a la información, pero ésta no podría ser la única explicación. Parece por el contrario que en el conocimiento de los hombres políticos la situación social sí reviste una importancia fundamental.

Las escuelas

La escuela es un factor diferencial de primera magnitud, en la información de los niños. No se ofrece como un terreno homogéneo: los tipos de escuela y los niveles de escolaridad son elementos decisivos en el aprendizaje político y se presentan —junto con otros factores— orientando la atención de los escolares hacia determinados objetos o personajes políticos, llegando a producir diferencias bastante acusadas entre los grupos.

Que se asista a una escuela pública o privada no parece afectar en sí y de por sí el conocimiento de los hombres situados en los cargos de presidente de la República, gobernador y presidente municipal, y el saber o ignorar el nombre del ex presidente de la República, pero se repara a primera vista en la distancia que en los años escolares más bajos estudiados en esta encuesta (5º y 6º de primaria) sí hay una marcada diferencia en los niveles de conocimiento que irá disminuyendo a medida que los escolares vayan subiendo de año. En 3º de secundaria ya casi no se advierten, y en algunos casos desaparecen por completo, diferencias entre escuelas públicas y privadas en lo que hace a los cuatro casos citados: la escolaridad —y la selección que acarrea— ha borrado las distancias que en los primeros años se establecían entre los grupos.

Si se produce el mismo nivelamiento en el caso del PRI a pesar del mayor cúmulo de información de las escuelas primarias privadas, el caso no se repite al tratarse de la identificación de los partidos de oposición: son mucho más frecuentemente percibidos a medida que progresa la escolaridad por los asistentes a los establecimientos privados, sobre todo cuando se trata de los partidos de oposición menores, PPS y PARM.

Cosa sorprendente dados los resultados obtenidos por el primer análisis, no hay diferencias perceptibles entre las escuelas sobre el conocimiento de los cargos de elección popular; las distancias entre ellas vuelven a aparecer al preguntárseles por la edad ciudadana: el punto máximo de información sobre el voto a los 18 años se sitúa en 6º de primaria en las escuelas públicas, donde la mitad de los niños saben de la modificación constitucional, pero a partir de ese punto la información declina ligeramente y se estabiliza hasta 3º de secundaria. Por el contrario, en los colegios privados, entre 5º de primaria y 3º de secundaria se duplica el número de niños informados sobre este caso (de 37% a 75%), y aquellos escolares que no han tenido acceso a la información y siguen suponiendo que los 21 años son la edad mínima para votar se reducen en los mismos años de 42 a 22 por ciento, mientras que en las escuelas públicas pasan del 44 al 55 por ciento.

Es también una clave de primera importancia el que un hecho que se caracteriza por su ausencia de relieve en el sistema político mexicano —el número de partidos con representantes en la Cámara de Diputados, para nosotros un punto culminante en la información del niño— señale cómo en las escuelas privadas hay un pequeño número de niños que manifiesta una atención marcadamente sostenida hacia los fenómenos políticos más complejos y cómo este grupito, dueño de una información muy difícil de captar, sube con los años de escuela de manera consistente y firme aunque muy lentamente.

El tipo de escuela es pues un factor diferencial en el monto de la información. Como esta influencia se advierte especialmente en la escuela primaria y no poseemos datos anteriores al 5º de primaria, suponemos que en la escuela primaria se advierte más claramente que en la secundaria la presencia de factores extraescolares, y principalmente la situación social del padre, como transmisores de la información (véase "El interés por la política"). En la escuela secundaria, además de un principio de selección escolar y social, se topa con las nuevas fuentes de información a la que acuden los escolares.

La influencia acarreada por la ocupación del padre no se va a limitar, sin embargo, a la escuela primaria, aunque sea en estos niveles de escolaridad donde se hallen las diferencias de información más pronunciadas cuando se analiza a los niños por ocupación del padre y escolaridad o edad. *Las distancias se van borrando paulatinamente con la escolaridad pero no con la edad,* o sea, que a pesar del transcurso de los años las distancias entre los grupos de ocupación se mantienen a lo largo de los años naturales, lo que confirmaría que la escuela cierra las distancias entre los grupos o al menos las aminora. No debe olvidarse de todos modos la selección que la propia escuela va introduciendo.

Si la figura del Presidente tiene un peso aplastante ya en los niños de diez años, independientemente del grupo a que pertenezcan, cuando interviene un fenómeno referente a la historia reciente, la situación cambia de arriba a abajo: a esa edad sólo el 29 por ciento de los hijos de los campesinos recuerdan el nombre del ex Presidente López Mateos, nombre de una actualidad sorprendente para los hijos de los profesionistas liberales (73) y de los empresarios (70) del mismo grupo de edad; a los quince años las distancias entre campesinos y profesionistas se han reducido a un 15 por ciento. La tendencia es análoga a la que se aprecia entre los tipos de escuelas, donde las diferencias claras de los primeros años se van borrando, pero los niños se mantienen en distintos niveles de acuerdo con el grupo de ocupación del padre.

Tras los nombres e instituciones que se arraciman tras el nombre del Presidente, el aumento de la información de quienes parten de más abajo, o sea los hijos de los obreros y de los campesinos, sorprende por su ininterrumpida elevación, por ejemplo, la capacidad para reconocer al PRI, cosa que aumenta con los años independientemente de la escolaridad. Si, por el contrario, se trata del más importante partido de oposición, del PAN, su rango de percepción casi no se mueve entre los niños originarios de grupos de alto prestigio, quizás por tener a los 10 años una gran capacidad para identificarlo, mientras que los niños de los otros grupos van aumentando con la edad su posibilidad de percibir a este partido, quizás también porque parten de niveles más bajos que los hijos de los profesionistas o de los empresarios. Pero cabe también suponer que el grupo social determina la orientación de la atención de estos últimos niños, por ser el PAN un partido más acorde con sus orientaciones ideológicas. Esto, sin embargo, puede encerrar una contradicción con fenómenos que se examinarán más adelante (véase: "Aceptación de la Revolución Mexicana"). Una tercera alternativa para explicar el caso de la percepción del PAN podría hallarse en el monto global de información en manos de los hijos de profesionistas y empresarios, superior al de los otros niños encuestados. Monto a veces no muy claramente establecido a los 10 años, pero obvio a los 14 y a los 15, sobre todo cuando se trata de partidos políticos. Debe señalarse también el caso especial de los hijos de los funcionarios, atentos más que otros grupos de status parecido a los fenómenos políticos. A la ocupación del padre, en este caso, no puede regateársele la influencia fundamental de la orientación de sus hijos.

Edad y escolaridad son, por lo expuesto, factores esenciales entre el niño y la política, aunque en varios casos estos factores juegan uno contra otro. A igualdad de escolaridad (véase cuadro 5) la información va disminuyendo ligeramente con el aumento de la edad y, por consiguiente, en un mismo grupo de edad la información sube de manera sorprendente con la escolaridad. Este último fenómeno cubre todos los casos en los que se midió el conocimiento político de los niños (Presidente, ex Presidente, gobernador, partidos y sistema electoral) hallándose los saltos más importantes entre los fenómenos menos conocidos por los niños de 5º de primaria. El ex Presidente López Mateos, cuyo nombre es escrito por el 40 y 39 por ciento de quienes a los 13 y 14 años respectivamente cursan el 5º de primaria, es conocido en un 92 y 93 por los de igual edad pero en 3º de secundaria. En las mismas circunstancias —13 y 14 años en 5º de primaria y de igual edad en 3º de secundaria— el PRI pasa de 64 y 47 a 92 y 94. La identificación del PAN y del PPS aumenta en las mismas proporciones, y lo mismo sucede con los políticos, las elecciones y con todo lo que pueda considerarse información política. Queda, pues, un fenómeno esencial al descubierto: la escolaridad interviene decisivamente en la amplitud de los conocimientos de los alumnos (a mayor escolaridad mayor información), pero para alcanzar un punto máximo debe haber una coincidencia entre edad y escolaridad, o sea, el niño debe ir en el año que le corresponde o, como puede apreciarse en el cuadro 5, en algunos casos son los niños adelantados un año quienes más saben.

Cuadro 5

INFORMACIÓN POLÍTICA

Escolaridad	Edad 10	11	12	13	14	15
	Identifican al Presidente de la República					
5º Prim.	79.8	82.3	78.9	80.3	—	—
6º „	92.6	92.1	85.0	90.0	91.1	—
1º Sec.	—	94.1	91.8	91.9	85.2	83.1
2º „	—	—	93.8	94.2	95.8	97.1
3º „	—	—	—	97.2	97.7	96.9
	Presidente anterior					
5º Prim.	54.3	55.9	47.2	39.5	—	—
6º „	68.5	63.8	65.0	75.0	64.6	—
1º Sec.	—	79.4	80.1	76.9	72.2	72.7
2º „	—	—	83.1	86.8	87.3	86.9
3º „	—	—	—	91.7	92.8	92.7
	Gobernador					
5º Prim.	44.5	36.9	38.7	48.7	—	—
6º „	64.8	58.3	52.3	48.6	40.5	—
1º Sec.	—	72.1	70.8	67.9	70.4	67.5
2º „	—	—	86.2	71.1	77.9	83.2
3º „	—	—	—	84.7	85.3	89.3
	PRI					
5º Prim.	75.8	68.3	59.9	63.8	—	—
6º „	83.3	81.7	77.7	77.1	68.4	—
1º Sec.	—	82.4	91.4	90.0	82.4	80.5
2º „	—	—	90.8	92.6	87.8	90.5
3º „	—	—	—	91.7	93.5	93.1
	PAN					
5º Prim.	52.8	53.8	39.4	39.5	—	—
6º „	64.8	56.3	57.7	54.3	51.9	—
1º Sec.	—	67.6	67.0	62.4	53.7	48.1
2º „	—	—	75.4	72.7	72.3	67.9
3º „	—	—	—	76.4	79.7	73.4
	PPS					
5º Prim.	15.5	15.6	15.5	9.2	—	—
6º „	27.8	20.8	15.9	15.7	17.7	—
1º Sec.	—	29.2	26.6	22.2	19.4	19.5
2º „	—	—	33.8	31.4	39.8	34.3
3º „	—	—	—	40.3	44.1	40.6

Cuadro 6

INFORMACIÓN POLÍTICA

Identificación de cargos de elección popular

Escolaridad	Edad 10	11	12	13	14	15
			Presidente de la República			
5º Prim.	64.9	61.8	61.3	56.6	—	—
6º „	87.0	67.1	68.2	62.9	64.6	—
1º Sec.	—	73.5	68.5	72.9	60.2	64.9
2º „	—	—	83.1	76.4	79.3	74.5
3º „	—	—	—	93.1	82.0	79.3
			Gobernador			
5º Prim.	52.1	52.2	39.4	50.0	—	—
6º „	66.7	58.3	57.5	51.4	41.8	—
1º Sec.	—	61.8	62.5	60.2	51.9	51.9
2º „	—	—	73.8	64.5	66.2	72.3
3º „	—	—	—	79.2	73.5	70.9
			Senador			
5º Prim.	26.4	32.3	26.8	21.1	—	—
6º „	35.2	33.8	34.5	25.0	26.6	—
1º Sec.	—	41.2	38.2	33.9	34.3	32.5
2º „	—	—	33.8	29.3	31.9	33.6
3º „	—	—	—	41.7	42.2	43.7
			Diputado			
5º Prim.	31.3	34.9	28.9	30.3	—	—
6º „	40.7	35.4	32.7	29.3	27.8	—
1º Sec.	—	38.2	41.2	39.8	33.3	41.6
2º „	—	—	33.8	35.1	41.8	46.0
3º „	—	—	—	54.2	47.4	52.5
			Saben que se vota a los 18 años			
5º Prim.	32.1	41.4	32.4	32.9	—	—
6º „	40.7	45.8	48.2	49.3	48.1	—
1º Sec.	—	50.0	53.6	48.9	42.6	39.0
2º „	—	—	50.8	54.5	54.4	40.1
3º „	—	—	—	56.9	56.9	49.0
			Saben que las mujeres pueden votar			
5º Prim.	62.6	64.5	65.5	61.8	—	—
6º „	70.4	60.4	65.5	60.7	63.3	—
1º Sec.	—	83.8	80.5	72.9	71.3	68.8
2º „	—	—	87.7	76.0	80.3	73.0
3º „	—	—	—	83.3	91.5	82.4

CAPÍTULO III

EL PRESIDENTE, EL ORDEN Y LA LEY

"EL PRESIDENTE DE LA REPÚBLICA tiene (...) una doble función; por un lado es un funcionario constitucional y por el otro es el jefe indiscutido del partido revolucionario y el dueño de todo el sistema político." [1] Al igual de Robert Scott, casi todos los estudiosos del sistema político mexicano conceden al Presidente el papel estelar. Para don Daniel Cosío Villegas, "en la escala del poder civil oficial, el último peldaño lo ocupa el presidente municipal, el gobernador del estado el intermedio, y el superior el presidente de la República"; [2] y Vincent Padgett considera que "el cargo político y constitucional más importante es el de presidente de la República",[3] a lo que se podría añadir otra afirmación de Scott, quien insiste en que como en todos los sistemas jerárquicos "el presidente es el vértice de la pirámide".[4] No tendría objeto seguir multiplicando las citas para probar hasta qué punto es compartida por los politólogos esta visión del poder depositado en el presidente de México.

Jacques Lambert ve el poder del jefe del Ejecutivo desarrollado a tal grado en México que crea una nueva categoría, superior a los regímenes presidencialistas en lo que hace a la concentración de este poder, la de los *regímenes de preponderancia presidencial,* muy abundantes en la América Latina, regímenes en donde se rompe el sistema de equilibrio de los tres poderes en beneficio exclusivo del Ejecutivo, "quien reduce a la condición de clientelas a los miembros de las asambleas legislativas, ya sea por medios legales –distribución de plazas y fa-

1 Scott, Robert E., *Mexican Government in Transition,* Urbana, University of Illinois Press, 1964, Revised Edition, pp. 146-147.

2 Cosío Villegas, Daniel, "La región más transparente de la política mexicana", *Plural,* México, D. F., núm. 2, noviembre de 1971, p. 8.

3 Padgett, Vincent P., *The Mexican Political System,* p. 139.

4 Scott, Robert E., *op. cit.,* p. 259.

vores— o ilegales —por la compra de las complacencias—".[5] Esta idea aparece también en Cosío Villegas, quien rastrea los orígenes de este desequilibrio hasta la Constitución de 1917, la que produjo "un régimen de gobierno en el que el poder ejecutivo tiene facultades visiblemente superiores a las de los otros dos poderes, sobre todo el legislativo". El deseo de hacer una carrera política y el principio de no reelección lleva a diputados y senadores a buscar una situación que no depende "sino del favor de los dirigentes del partido y en última instancia de la voluntad presidencial".[6] El sometimiento del personal político al Ejecutivo, "que no se ajusta, según González Casanova,[7] a los modelos de la teoría clásica de la democracia", ha reducido a las cámaras a una simple "función simbólica": la de sancionar los actos del Ejecutivo. Más que un parlamento se trata de una *chambre d'enregistrement,* que desde el gobierno del general Álvaro Obregón (1920-1924) no ha rechazado una sola iniciativa de ley de origen presidencial.

Esta acumulación de poder tuvo, y para algunos grupos sigue teniendo, un carácter carismático, aunque si se sigue a R. Scott tiende a desaparecer en favor de la institucionalización, "sistema menos personal, mecánico y semiconstitucional".[8] Esta evolución no evita lo que para los fines de este trabajo interesa: "la *impresión* de estructura monolítica gubernamental centrada en la presidencia".[9]

Sobre el origen, la razón que mantiene en pie y los alcances reales del poder del Presidente los autores examinados difieren a veces profundamente. Pero el acuerdo es unánime sobre el desequilibrio de los poderes en favor del Ejecutivo y el sometimiento del Legislativo. En el sistema político mexicano es un hecho incontrovertible, que puede ser probado de manera empírica por una multitud de caminos. Pero aun en los sistemas políticos donde el *check and balance* sigue funcionando a pesar de ciertas distorsiones, entre los niños que en ellos viven se da de todos modos una visión piramidal del poder, con el Presidente sentado en la cúspide. "Para la mayoría de los niños que se encuentran en esta fase (los primeros años de escolaridad) el Presidente *es* la estructura política. Incluso cuando el niño conoce la existencia del Vicepresiden-

[5] Lambert, Jacques, "La transposition du régime présidentiel des Etats-Unis: le cas de l'Amérique Latine", *Revue Française de Science Politique,* vol. XIII, núm. 3, septiembre de 1963, pp. 582 *s.*

[6] Cosío Villegas, Daniel, *op. cit., loc. cit.*

[7] González Casanova, Pablo, *La democracia en México,* México, D. F., Editorial Era, p. 16.

[8] Scott, R., *op. cit.,* p. 246.

[9] Vernon, Raymond, *El dilema del desarrollo económico de México,* México, Editorial Diana, 1966, p. 32.

te, éste es frecuentemente visto como un ayudante del Presidente; y el Senado y la Cámara de Representantes son considerados también subordinados y sujetos a las órdenes del Presidente." [10] Lo curioso es que esta concepción de los niños norteamericanos sobre la estructura de su gobierno corresponda con la de los politólogos que han estudiado al gobierno mexicano, sin que se trate ya de una visión infantil sino adulta y científica, como se ha visto en autores como Cosío Villegas, Scott, Vernon, Padgett y Lambert, quienes no necesitan matizar demasiado la construcción piramidal y autoritaria del sistema político mexicano para describirlo. A la simplificación infantil que se da en casi todos los países donde se han estudiado las actitudes de los niños,[11] en México debería sumarse el hecho de que el gobierno mexicano corresponde a la realidad con esa concepción de los menores, lo que revela su coherencia.

Otra pieza esencial de los resultados de la socialización de los niños en los Estados Unidos es la aparición y amplia difusión de actitudes positivas —libres de cualquier crítica— hacia su Presidente: éste es en términos de F. I. Greenstein,[12] el líder benevolente, de manera especial para los niños más pequeños; imagen que, por lo demás, va empeñándose con la edad. Ahora bien, otro rasgo decisivo agregado por los niños a la imagen del presidente estadounidense es su capacidad de hacerse obedecer lo cual, según Dean Jaros,[13] resultaría de hecho opuesto a la concepción de líder benevolente. Tal cosa no se da de hecho para ellos: un Presidente fuerte no es malevolente.

La función presidencial

Puestos a elegir, como la más importante, una de las tres funciones ejercidas por el Presidente —conservar el orden, legislar y representar la voluntad popular— las actitudes van a surgir ante el estímulo más fuerte ofrecido por el sistema político. Debe tenerse presente que estas

[10] Easton, David y Robert D. Hess, "The Child's Political World", *Midwest Journal of Political Science*, vol. VI, núm. 2, 1962, p. 241.

[11] Esta visión piramidal del poder no aparece, por ejemplo, entre los niños franceses, que muy temprano empiezan a dividirse en función de sus preferencias, orientándose hacia concepciones distintas sobre la distribución del poder. Roig, Charles y F. Brillaud-Grand. *La socialisation politique des enfants*, París, Armand Colin, 1968 (Cahiers de la Fondation Nationale des Sciences Politiques), núm. 63, p. 91.

[12] Greenstein, Fred I., "The Benevolent Leader: Children's Images of Political Authority", *American Political Science Review*, vol. 54, 1960, pp. 934-943.

[13] Jaros, Dean, "Children's Orientation Toward the President: Some Additional Theòritical Considerations and Data" *The Journal of Politics*, vol. 29, 1967, p. 379.

tres funciones son igualmente legítimas y constitucionales, pero el detenerse ante una de ellas de preferencia a las otras dos indica, de momento, cómo aparece constituido para el niño el sistema político donde vive. Darle una primacía a la conservación del orden revela, en primera instancia, una visión autoritaria del poder y de su depositario. Elegir una de las otras dos funciones —legislar o representar al pueblo— muestran visiones más orientadas hacia un concepto democrático y representativo del sistema, aunque la función representativa puede no tener ningún contenido democrático y ser simplemente simbólico, puesto que el jefe del Estado es, al menos en los regímenes democráticos, quien está encargado de estas funciones y a veces su papel se detiene dentro de esos límites estrechos y a la par necesarios.

Los niños mexicanos, en su mayoría, se detienen ante la conservación del orden. Éste podrá parecerles bueno o malo, estarán dispuestos a acatarlo o a destruirlo, pero, independientemente de su valoración, es para ellos algo que define el trabajo del Presidente. Queda, desde luego, muy por encima de la función legislativa —ésta es poco "atractiva" en cualquier caso para los niños— y también queda sobre su papel de cumplidor de la voluntad popular. Baste para explicar este último punto recordar la cantidad de niños que ignoran la base electoral sobre la que está montada constitucionalmente la autoridad del Ejecutivo. Queda el que una tercera parte se detiene en esta última función vinculada de raíz con un sistema democrático, mientras que apenas un diez por ciento considera la participación del Ejecutivo en la creación de la ley su tarea fundamental.

Los medios rurales y urbanos no tienen actitudes diferentes frente al Presidente —la elección del mantenimiento del orden se da en iguales niveles— pero las elecciones de los niños y de las niñas se orientan de manera ligeramente distinta, siendo las niñas más proclives a destacar en el Presidente la función autoritaria (56 contra 47). Los niños son, por el contrario, quienes más se detienen en el origen popular de la autoridad presidencial (39 contra 29).

Las actitudes de los escolares parecen dirigirse lentamente hacia las funciones democrática y representativa del Presidente, marcándose esta tendencia más en las escuelas privadas que en las públicas. Los elevados niveles de autoritarismo visibles en los años de escolaridad más bajos (5º y 6º de primaria) van disminuyendo paulatinamente sin que por ello quienes eligen los rasgos democráticos del Presidente lleguen a dominar, aunque en 3º de secundaria los grupos que se inclinan ya sea por los elementos autoritarios o por los democráticos quedan más equilibrados.

Cuadro 1

A El Presidente mantiene el orden en el país
B El Presidente hace las leyes
C El Presidente cumple la voluntad del pueblo

Ocupación del padre	*Escolaridad* 5°P	6°P	1°S	2°S	3°S	
	59.1	51.8	59.7	46.8	56.5	A
Profesiones liberales	11.4	8.9	2.8	8.1	4.8	B
	27.3	35.7	36.1	41.9	29.0	C
	55.0	33.3	50.0	61.3	64.0	A
Empresarios	25.0	14.3	10.0	9.7	8.0	B
	20.0	52.4	35.0	29.0	20.0	C
	55.2	54.5	53.5	51.5	48.8	A
Empleados	11.0	14.7	9.9	13.7	7.0	B
	31.8	28.2	34.5	31.3	39.5	C
	47.8	59.6	33.9	50.0	37.5	A
Funcionarios	19.6	8.5	16.9	7.5	15.0	B
	30.4	31.9	47.5	35.0	35.0	C
	42.5	45.9	55.6	55.1	46.9	A
Obreros	20.1	21.3	8.9	10.2	9.2	B
	35.1	32.4	34.4	34.7	37.8	C
	46.5	51.1	59.1	54.5	51.4	A
Campesinos	14.9	14.9	11.8	15.8	10.1	B
	36.8	32.6	25.2	26.7	37.6	C

La polarización de las actitudes frente al Presidente es clara: la tercera alternativa ofrecida es borrosa para los niños. La función que el jefe del Ejecutivo cumple en el proceso legislativo es compleja y aparentemente contradictoria en la tajante división de los poderes manifestada en un plano teórico, que se da en pocos sistemas políticos y, desde luego, no en México; en segundo lugar, como se verá más adelante, el origen de la ley no es percibido en ningún momento por los niños: no se le atribuye ni al Presidente, ni a los diputados, ni a los ciudadanos: la ley es algo dado, que está ahí, a la que se obedece o se resiste, y que sólo unos cuantos piensan puede ser modificada. Es más, a medida que los niños van adentrándose en sus estudios y aumentando su información tienden a eliminar el componente legislativo en cuanto componente primordial del Presidente y la máxima polarización, orden o representación, se da en el último año de los estudios secundarios. Y son los dueños de una mayor información quienes menos atienden a esta actividad presidencial, lo cual permite suponer que, para los niños estudiados, aunque no sea más que en un plano teórico, la legislación sigue estando separada de la ejecución de la ley.[14]

Sumisión y resistencia a la ley

La ley y el orden, sin embargo, no se les antoja una sola y la misma cosa. La obediencia a la ley, someterse a ella en cualquier caso y en cualquier circunstancia, tiene un llamado decisivo en primaria: las dos terceras partes de quienes se encuentran en primaria están por obedecerla siempre. Esta actitud de sumisión a la legalidad va perdiendo rápidamente terreno y al llegar a 3º de secundaria menos de la mitad comparte esta actitud, mientras los demás —algo más de la mitad— manifiestan ya sean actitudes de resistencia (desobedecerla si es injusta) ya actitudes reveladoras de efectividad política (modificar la ley).

El carácter simbólico de la ley, como el del Presidente, el aura de que ambos van rodeados, ayuda a la polarización, camino simplificado que separa las actitudes infantiles y a la par revela los todavía borrosos perfiles políticos de los niños. Pero en el caso de la obediencia y resistencia a la ley resultaría atrevido encontrar el asiento de las actitudes democráticas. Lo único que revelan es una muy baja confianza de los niños en su efectividad dentro del sistema, cosa natural dada su incapacidad ciudadana, que es reflejo de la poca confianza en la capacidad de intervención del pueblo en general en los asuntos políticos.

La actitud de rebelión expresa, de todos modos, una posibilidad de efectividad política superior a la sumisión incondicional a la ley. Entre los niños entrevistados se halla sobre todo en los que viven en los estados más desarrollados de la República: en el Distrito Federal —donde además está omnipresente el trauma de 1968— están perfectamente equilibrados quienes aceptan la obediencia incondicional de la ley y quienes por el contrario piensan que debe desobedecerse a una ley injusta (45 y 45), mientras que entre los tabasqueños y los oaxaqueños —habitantes de los estados de menor desarrollo del país— dominan abierta-

14 David Easton señala cómo los niños americanos empiezan por personalizar la autoridad y sólo después se fijan en las instituciones, cosa confirmada por sus datos. Los nuestros parecen confirmar una tendencia contraria: cuanto mayores son, y mejor informados están, menos se fijan en las instituciones y más en la persona. *Children in the Pol.*, pp. 144 *s.*

Cuadro 2

A El Presidente mantiene el orden en el país
B El Presidente hace las leyes
C El Presidente cumple la voluntad del pueblo

A El pueblo debe obedecer siempre a las leyes
B El pueblo puede cambiar las leyes si no le parecen
C El pueblo puede desobedecer a la ley si es injusta

Escolaridad	*Escuelas*				*Escuelas*		*Escolaridad*
	Públicas	*Privadas*			*Públicas*	*Privadas*	
	43.1	58.7	A	A	66.3	67.5	
5°P	20.5	11.9	B	B	8.0	6.3	*5°P*
	34.2	27.3	C	C	24.4	24.8	
	49.4	56.4	A	A	64.0	56.4	
6°P	14.4	10.5	B	B	7.3	5.4	*6°P*
	34.3	31.1	C	C	27.4	37.2	
	54.5	50.4	A	A	59.0	50.4	
1°S	11.2	7.6	B	B	6.7	10.6	*1°S*
	33.1	36.9	C	C	33.3	34.3	
	53.6	47.8	A	A	55.2	49.1	
2°S	12.3	8.4	B	B	5.9	8.0	*2°S*
	33.2	38.1	C	C	38.2	40.3	
	47.0	50.5	A	A	48.0	45.6	
3°S	9.3	5.3	B	B	10.7	12.6	*3°S*
	38.6	39.3	C	C	40.2	39.8	

mente las actitudes sumisas (64 y 27, y 62 y 27, respectivamente), a pesar de haber sido Villahermosa, capital de Tabasco, escenario de movimientos estudiantiles casi tan violentos como el Distrito Federal.

Los grupos socio-profesionales de donde proceden los niños son también de importancia fundamental en la creación de este tipo de actitudes. Los de familia de clase alta o media (empresarios, profesiones liberales, empleados y funcionarios), van adentrándose con la escolaridad en las actitudes de resistencia; pero es más importante aún que las posiciones más democráticas, como es el cambiar la ley por voluntad popular, y por ende las que responden a un mayor sentimiento de eficacia, aunque de manera mucho más lenta se van manifestando entre los hijos de empresarios y profesionistas, mientras que para los demás el pensar en el cambio de la ley por el pueblo va disminuyendo con la edad. Para los grupos sociales medios, pero sobre todo en los bajos, su posible efectividad política, como se verá más adelante, no pasa por la ley, por su creación o por su modificación. Si escuela y edad empujan hacia la resistencia, el que no se aprecien diferencias entre los escolares de los establecimientos públicos y los de los privados permite suponer el papel diferencial desempeñado por la familia en el surgimiento de este tipo de actitudes.

Cuadro 3

A EL PUEBLO DEBE OBEDECER SIEMPRE A LAS LEYES
B EL PUEBLO PUEDE CAMBIAR LAS LEYES SI NO LE PARECEN
C EL PUEBLO PUEDE DESOBEDECER A LA LEY SI ES INJUSTA

Ocupación del padre	*Escolaridad*					
	5°P	*6°P*	*1°S*	*2°S*	*3°S*	
	54.5	58.9	48.6	35.5	45.2	A
Profesiones liberales	6.8	3.6	2.8	9.7	11.3	B
	38.6	35.7	43.1	54.8	40.3	C
	75.0	61.9	45.0	61.3	44.0	A
Empresarios	5.0	4.8	35.0	9.7	16.0	B
	15.0	33.3	20.0	29.0	36.0	C
	67.5	62.8	49.3	56.5	41.1	A
Empleados	6.5	5.8	9.9	6.1	13.2	B
	23.4	29.5	38.7	37.4	45.7	C
	60.9	59.6	57.6	55.0	42.5	A
Funcionarios	10.9	8.5	6.8	5.0	10.0	B
	28.3	31.9	33.9	35.0	47.5	C
	73.1	63.9	64.4	59.2	51.0	A
Obreros	5.2	5.6	3.3	7.1	12.2	B
	20.9	30.6	31.1	32.7	34.7	C
	64.0	57.4	62.2	58.4	57.8	A
Campesinos	7.9	11.3	9.4	5.9	7.3	B
	27.2	29.8	27.6	33.7	33.9	C

La valoración del Presidente

La percepción de la función del Presidente y la actitud frente a la ley no se confunden con la valoración de la persona sentada en el sillón presidencial: cargo y persona son distinguidos, aunque los grados de distinción y la capacidad de discriminación van a variar grandemente entre los encuestados.

Las manifestaciones afectivas positivas dominan en todos los casos menos uno sobre las negativas, ya se vea a los niños a través de sus escuelas, las ciudades o el campo donde viven, sus edades o su origen social. La excepción, de nueva cuenta, está dada por el Distrito Federal: en un 37 por ciento responden por el rechazo, por un claro y rotundo *no me gusta nada del Presidente* a una pregunta orientada positivamente. Si se añade un 27 por ciento de no contestaciones, se ve que las respuestas positivas, el encontrar un rasgo o un hecho del Presidente capaz de evocar un juicio de valor positivo, aunque sea expresado en una sola palabra, no llega al 37, o sea que los escolares del D. F., al valorar al Presidente, estaban divididos en dos grupos de igual peso e importancia, pero de sentido opuesto. Aunque oscurecido por el elevado número de no contestaciones, la situación se reproduce también en Tabasco y en el Estado de México, donde a pesar del dominio de las respuestas positivas, hay una gran proporción relativa de juicios negativos. Los niños jaliscienses se sitúan en el extremo opuesto —sólo el 6 por ciento está absolutamente en contra— y pegados a ellos quedan los neoleoneses y los oaxaqueños (7 y 8 por ciento).

Cómo el conflicto estudiantil del 68 permea a los juicios de valor negativos se transparenta también en la dimensión rural-urbana: los niños de las ciudades que rechazan al Presidente son tres veces más abundantes que los rurales. Es posible que otros factores intervengan en la formación de este juicio, pero si se advierte la cantidad de hijos de profesionistas —los más involucrados en el problema de la universidad— que se manifiestan en contra del hombre en el cargo y la ausencia de estimaciones críticas entre quienes proceden de grupos de bajo prestigio profesional, se reforzaría la hipótesis del origen traumático o de las actitudes puramente negativas, debiendo también tenerse presente la existencia de más abundantes actitudes sumisas en los grupos de menor status social.

Con todo y este sector de niños abierta y manifiestamente hostiles, la mayoría expresa juicios de valor positivo. De todos los rasgos y virtudes positivos se va a destacar el simple ejercicio del poder —en algunos casos juicios de realidad: "manda", "le obedecen los mexi-

Cuadro 4

JUICIOS SOBRE EL PRESIDENTE DE LA REPÚBLICA

Ocupación del padre	*5ºP*	*6ºP*	*1ºS*	*2ºS*	*3ºS*	
Profesión libre						
	38.6	44.6	25.0	33.9	41.9	Positivos
	15.9	30.4	34.7	37.1	33.9	Negativos
	45.5	25.0	40.3	29.0	24.2	No sé
Empresarios						
	50.0	33.4	25.0	61.3	56.0	Positivos
	10.0	9.5	30.0	22.6	20.0	Negativos
	40.0	57.1	45.0	16.1	24.0	No sé
Empleados						
	41.6	42.9	40.1	38.9	54.3	Positivos
	5.2	7.7	17.6	29.0	27.9	Negativos
	53.2	49.4	42.3	32.1	17.8	No sé
Funcionarios						
	41.3	40.5	44.1	45.0	55.0	Positivos
	2.2	10.6	20.3	22.5	15.0	Negativos
	56.5	48.9	35.6	32.5	30.0	No sé
Obreros						
	41.8	35.2	43.2	54.0	53.1	Positivos
	7.5	12.0	20.0	13.3	18.4	Negativos
	50.7	52.8	36.7	32.7	24.5	No sé
Campesinos						
	31.5	41.9	46.4	51.5	46.8	Positivos
	1.8	3.5	7.1	5.9	14.7	Negativos
	66.7	54.6	46.5	42.6	38.5	No sé

canos", etc.–, el ser el Presidente depositario del poder y usufructuario del mismo. A esta identificación positiva entre el hombre y el poder se añade, en segundo lugar –y en términos generales bastante lejos del primero– lo que se codificó como "rasgos morales", y que coinciden con el llamado carácter benevolente –protección, generosidad, sacrificio por el bienestar de los demás, honestidad– de los autores norteamericanos. Aparejada a esta categoría puede encontrarse la de "obras materiales" que brotan del suelo de la República por obra y gracia del Presidente. Las "funciones simbólicas y ceremoniales", en las que se incluyen la política exterior (recepciones de jefes de Estado, viajes a otros países) y las giras por el interior de la República, los discursos, apenas se emparejan con las construcciones materiales.

Al aumentar el número de niños capaces de contestar una pregunta abierta, aumentan los juicios negativos y los positivos, aunque los primeros lo hacen a una tasa mucho más elevada, sin llegar por ello a dominar, excepto en el caso ya señalado de los hijos de profesionistas.

El crecimiento de las actitudes positivas se debe principalmente al relieve adquirido por los fenómenos vinculados directamente con la autoridad del Presidente, que se puede decir levantan al conjunto de juicios positivos vinculados a su persona: la visión autoritaria de su poder crece con la escolaridad, pero más aún con la edad y la caída del prestigio de la profesión del padre. El 14 por ciento a los 10 años y el 20 a los 15 piensan que la autoridad es lo que más les gusta del Presidente de la República.

Esta autoridad es convertida en el elemento más favorable del Presidente por los niños rurales mucho más que entre los urbanos. De la misma manera que el autoritarismo de Jalisco (28) se perfila de nueva cuenta frente a un Distrito Federal (11) y un Tabasco (12) de marcadas reticencias ante el ejercicio del poder del Presidente constitucional del momento.

Los grupos de bajo status, obreros y campesinos, son los que se orientan de manera más franca hacia la autoridad del Presidente, y junto con ellos los hijos de los empresarios; esos dos primeros grupos son, ya se ha señalado, los menos críticos del jefe del Ejecutivo, pero pese a estas actitudes dominantes en estos grupos, con la edad van apareciendo los juicios puramente negativos, sobre todo en el transcurso de los estudios secundarios.

Como se vio en el análisis del interés por la política, la escolaridad puede ayudar al niño de bajo status no sólo a adentrarse en la vida política al través de la información, sino a adquirir actitudes que no son las dominantes en su medio. La permanencia en la escuela es un factor para liberarse de las actitudes del grupo de origen; de ahí que las actitudes de rechazo abunden en la secundaria y no en la primaria, no sólo en los grupos de bajo status, sino incluso en los de status medio (empleados y funcionarios).

Los diputados

Los juicios de valor pueden ser negativos pero rara vez manifiestan una actitud cínica: poquísimos —otra vez el Distrito Federal es la excepción— consideran a los diputados por completo inútiles; pero tampoco se advierte su función legislativa. El sometimiento del Legislativo al Ejecutivo es visto de manera idéntica tanto por los niños mexicanos como por los politólogos: los diputados son ayudantes del Presidente para la gran mayoría y, de no reparar en esta función, se detienen en su función ceremonial, la de pronunciar discursos.

Un indicio del crecimiento de la información sobre el funcionamiento del sistema político mexicano está dado por los niños de grupos de alto prestigio y la atención orientada hacia la ley: los hijos de los profesionistas y de los empresarios, con ayuda de la escolaridad, van destacando la función legislativa de los diputados y relegando rápidamente la función simbólica, a la par que crece el grupo de quienes ven una carga negativa en los diputados, gente que no hace nada.

En los grupos de status medio o bajo, los diputados tienen ya sea un papel ceremonial (la tercera parte piensa que antes que nada pronuncian discursos) o cumplen una labor ancilar (más de la mitad ve en ellos a ayudantes del Presidente), pero el votar leyes, su función legislativa esencial, va desapareciendo año tras año. La ley tiene una importancia cada vez más reducida: la política no se hace a través de la ley.

En resumen, el papel desempeñado por el Presidente en el sistema político mexicano es visto con claridad por los niños encuestados, que en conjunto responden a una idea ampliamente compartida en México y fuera de México acerca de los poderes casi ilimitados concentrados en un solo hombre. Su función de guardián del orden domina sobre su función representativa originada en el sufragio universal y sobre la función que desempeña en la creación de la legislación. Y esta capacidad de mandar, de retener todo el poder en sus manos es lo que más llama la atención de las mentes infantiles —y tanto más cuanto menos infantiles son— y va a convertirse en el rasgo más apreciado. No es el líder benevolente; es sobre todo el líder autoritario, capaz tanto de gobernar como de crear un mundo material —metros, presas, carreteras, estadios— por su sola voluntad.

Para el niño mexicano la autoridad descansa en una sola persona y queda confinada en ella. La escuela y la edad modifican poco esta visión personalizada de la autoridad: las resistencias frente a ella son mucho menores que la resistencia a una injusticia encarnada en algo para el niño tan abstracto como la ley. Sólo muy lentamente y en los grupos de mayor prestigio social se abre paso la idea de que los diputados votan las leyes, de que el pueblo puede cambiarlas o de que el Presidente puede iniciarlas. Pero la presencia de la ley es secundaria; lo que importa es someterse, o desobedecer, y esta última alternativa va teniendo cada vez más adeptos como resultado de la acumulación de una serie de factores confluyentes: escolaridad, grupo social, lugar

Cuadro 5

DIPUTADOS

	Profesión libre		*Empresarios*		*Empleados*		*Funcionarios*		*Obreros*		*Campesinos*	
	Púb.	*Priv.*	*Púb.*	*Priv.*	*Púb.*	*Priv.*	*Púb.*	*Priv.*	*Púb.*	*Priv.*	*Púb.*	*Priv.*
A	42.0	40.8	47.5	48.7	49.7	40.0	46.9	37.7	50.0	55.1	54.8	50.3
B	6.3	11.4	7.5	17.9	5.6	8.6	4.5	15.1	6.5	8.1	8.9	5.9
C	39.3	37.0	40.0	24.4	36.8	40.5	41.9	30.2	37.2	25.0	31.5	36.9
D	8.9	3.2	5.0	5.1	5.6	3.9	3.4	11.3	4.6	7.4	3.6	3.2
NS	3.6	2.7	0.0	3.8	2.3	3.0	3.4	5.7	1.7	4.4	1.4	3.7

A Los diputados ayudan al presidente.
B Los diputados votan las leyes.
C Los diputados pronuncian discursos en la Cámara.
D Los diputados no hacen nada.
NS No sé.

de residencia, etc. Si la mayor parte de los niños se inclinan por la primera alternativa, que refleja una gran aceptación del sistema político en que viven, se encuentra de todos modos un grupo no despreciable capaz de elegir la resistencia y el rechazo, quizás más de un hombre que del conjunto del sistema.

CAPÍTULO IV

LA PARTICIPACIÓN FUTURA: PARTIDOS, SINDICATOS Y VOTO

Las funciones del partido

El partido político —una vaga entidad según O. V. Key—[1] es, pese a ello, un elemento indispensable de los sistemas políticos modernos. La complejidad de la organización social contemporánea, la distancia creciente entre gobernantes y gobernados, el control de los medios de comunicación y el aislamiento de los individuos, plantea la necesidad de organizaciones intermedias capaces de servir de canales de comunicación entre los centros de decisión y el individuo común y corriente. Por ello, los partidos cumplen una función esencial al organizar a la opinión pública y transmitir sus demandas al centro de poder gubernamental y de decisión; otra función es la articulación de sus seguidores dentro de una comunidad más amplia, al destruir a la comunidad antigua para sustituirla; son, además, un instrumento de reclutamiento político y de selección de líderes. El partido lleva también aparejada la idea de participación de las masas en la política o, por lo menos, la idea de que las masas deben ser controladas. Sus funciones son, pues, la articulación, la transmisión, el reclutamiento y la creación de organizaciones más amplias que las comunidades.[2] La combinación de estas funciones lleva a la creación de tipologías tan amplias como variadas, las cuales pueden complicarse con la introducción de nuevos elementos, como, por ejemplo, los factores genéticos de los partidos.

Independientemente de las tipologías, los partidos tienen una base

1 *Public opinion and American Democracy*, Nueva York, Alfred A. Knopf, 1964, p. 243.

2 G. A. Almond y G. B. Powell, *Política comparada*, Buenos Aires, Pallón, 1972, caps. 4 y 5.

común —su inevitable presencia en las sociedades modernas— y encontrarse en la base de los períodos de modernización política.

Además de estas funciones, los partidos tienen un valor simbólico. Son, según Graham Wallas, algo que va más allá de las simples ideas o sentimientos de los individuos, los cuales pueden, por lo demás, no cambiar durante toda la vida de quien los profesa: "Se requiere algo más sencillo y más permanente, algo que pueda ser querido y en lo que se pueda confiar, y que pueda ser reconocido en las elecciones sucesivas como aquello que desde antes se quería, aquello en lo que se confiaba; eso es el partido." [3]

Este valor simbólico del partido —una de las imágenes que llevamos en la cabeza, escribe O. V. Key— le convierte en un instrumento que permite examinar y evaluar la actitud del ciudadano frente a la actividad política de su colectividad nacional. Las actitudes evocadas por los partidos determinan en parte las actitudes evocadas por otros objetos políticos. El valor simbólico del partido y la vinculación que media entre él y el individuo, la aceptación de este símbolo o su rechazo, son puntos donde se fincan la estabilidad y predictibilidad de un sistema político.

La presencia del partido elimina de manera parcial, atenúa y mediatiza la fuerza del vínculo entre el afiliado y el líder, institucionaliza las lealtades y otorga una duración mayor al sistema político. Los líderes, pese a su tendencia a mantenerse en el poder, pueden ser sustituidos sin provocar una crisis de legitimidad. En la diferenciación del papel del líder y el hombre que ocupa el cargo se asienta uno de los puntos fundamentales de la modernización política.

La introducción y el mantenimiento de las normas imperantes en un sistema político son también obra parcial de los partidos. Desde el ángulo de la cultura política desempeñan dos funciones de primera magnitud: fortalecen la cultura política existente e introducen cambios en los patrones político-cultural. Su labor innovadora y su labor de control se inscriben de plano en la función socializadora. La amplitud y profundidad de esta función dependerá del régimen político donde se ejerza, tanto como del modo de organización del partido: uno de masas será mucho más exigente en la aplicación de las normas por él dictadas que uno de cuadros, siempre más laxo en punto a disciplina, programa e ideología. Además, los partidos de cuadros, atentos al proceso electoral más que a cualquier otro aspecto de la vida política, se interesan poco por los procesos socializadores y, por lo mismo, son

3 *Human Nature in Politics*, Londres, Constable & Company Ltd., 1920, p. 83.

poco afectos a las organizaciones juveniles y para-políticas, siempre peligrosas por lo movedizas.

Conviene insistir sobre las relaciones que median entre el sistema político general y los partidos, elementos de estos sistemas. Debe haber una consistencia entre ambos si se quiere evitar la destrucción del sistema. Un sistema dictatorial sólo puede aceptar en su seno un partido de masas, sometido de manera absoluta a las decisiones centrales, eliminando cualquier tipo de discusión abierta; de la misma manera, los sistemas democráticos, si bien permiten la vida libre de los partidos, sólo se acomodan con los partidos de cuadros, cuya capacidad movilizadora es mucho menor. Los partidos de masas sólo tienen cabida en un régimen democrático cuando no interfieren en las decisiones fundamentales del poder central, o sea, cuando ejercen una función tribunicia. Los partidos llamados dominantes cumplen en los regímenes autoritarios las funciones enunciadas antes —articulación, reclutamiento, movilización electoral, simbolismo—, mismas funciones que cumplen en los regímenes democráticos o dictatoriales. Queda de todos modos un residuo capaz de diferenciar el papel cumplido por el partido en los sistemas autoritarios: su tendencia a depauperizarse después de una primera fase de movilización y reclutamiento. La decantación de las nuevas élites y el refuerzo de su interconexión, el logro de la legitimación del sistema, la necesaria desmovilización de las masas y la voluntad de las élites de limitar la participación sitúan al partido en un segundo plano cuando no desaparece.

Los partidos en el sistema político mexicano

El autoritarismo del sistema mexicano queda evidenciado e ilustrado por la historia del partido revolucionario dominante. Creado en 1929 para consolidar los logros revolucionarios de la élite política del momento, a la que amenazaban una gravísima escisión, y para "confiar la solución de la lucha por el poder al medio civilizado de un partido político, y no a las armas, como había ocurrido desde que se inició la revolución maderista, pero de un modo más espectacular y sangriento a partir de 1920".[4] De hecho, con la consolidación de la Revolución a través de la institucionalización, además de las dos funciones principales señaladas por Cosío Villegas, se plantean en embrión las demás funciones propias de los partidos: movilización, legitimación del poder, control de las masas. La estructura sectorial adoptada desde 1938 y que

[4] Daniel Cosío Villegas. *El sistema político mexicano. Las posibilidades de cambio*, México, Joaquín Mortiz, 1973, p. 38.

ha padecido pocos cambios desde entonces, ha sido la piedra miliar a partir de la cual se ha construido todo el edificio del control político.

En el nacimiento del Partido Revolucionario Mexicano (PNR, PRM y PRI, sucesivamente) preside una contradicción: en cuanto partido revolucionario debe ser un partido de masas, en cuanto organización política de control al servicio de la nueva élite, necesita ser de cuadros; sus funciones serán por lo tanto tan ambiguas como su forma. Eje de la movilización electoral y palestra para la selección de líderes, ejerce la función de un partido de cuadros al realizar estas operaciones en el interior del aparato; encargado por el gobierno de la aplicación de políticas determinadas y parciales, debe acudir a una movilización parcial y restringida de sectores limitados de las masas, o sea, a la movilización controlada, al deber proteger al gobierno de las demandas "excesivas", se comporta pues como un *buffer,* un colchón sobre el que caerá el descrédito de la ineficacia, de la burocratización forzosa, también función de los partidos de masas: "más que un partido político en el sentido tradicional de la palabra, el PRI es una gigantesca burocracia, una maquinaria de control y manipulación de masas".[5] En esto, el partido revolucionario no ha hecho sino seguir la ley inexorable de todos los partidos: burocratizarse –institucionalizarse en términos mexicanos– o desaparecer. La depauperización va acompañada, o es resultado, de la diversificación de las organizaciones políticas y del surgimiento de nuevos grupos de poder donde se aglutinan las nuevas élites que van a establecer una constelación en torno a la autoridad central, implantando por fuerza un pluralismo generalmente formal y que de hecho consolida el autoritarismo existente. En la nueva constelación del poder el partido ya no es una instancia decisiva. Queda sobre todo como maquinaria electoral –y por lo tanto legitimadora– y desmovilizadora al proteger a la autoridad en vez de defender decisiones en las cuales ya no interviene o sólo tiene una intervención secundaria, pero a las que debe racionalizar en todos los casos.

El pluralismo en el sistema político mexicano es puramente formal, y su mantenimiento sólo se ha logrado apelando al "espíritu" de la ley, o sea, a la voluntad del Estado. De hecho el sistema político mexicano es bipartidista, mediando un marcado desequilibrio entre las dos formaciones políticas principales. La multiplicidad de los partidos es ficticia y, si se piensa en términos de influencia real, los niños no se equivocan cuando su atención se detiene de modo casi exclusivo

[5] Octavio Paz, Carta a Adolfo Gilly, *Plural,* nº 5, febrero 1972.

en el Partido Revolucionario Institucional y en el Partido de Acción Nacional.

La organización sindical en México presenta ambigüedades quizás aún mayores que la organización partidista. Los sindicatos suelen estar afiliados a las grandes centrales obreras, las cuales, a su vez, pertenecen al sector obrero del partido dominante. Por un lado rompen con la ficción apolítica de los sindicatos y por otro se ven incluidos en una maquinaria política desmovilizadora que, sin embargo, no puede evitar el papel reivindicativo del sindicato en las relaciones obrero patronales.

Queda una distinción radical entre el partido y el sindicato. Si en el primero la afiliación directa es mínima –despojado de las masas sindicalistas se quedaría *en cuadro*–, la Ley del Trabajo aporta las masas y la disciplina de las mismas –o al menos los instrumentos para imponerla– a los sindicatos, contribuyendo así a la erosión del poder del partido al introducir los gérmenes de los conflictos.

Pese al decaimiento de los partidos –pues no sólo el PRI viene perdiendo influencia– éstos siguen siendo piezas indispensables en la fabricación de la legitimidad de los gobiernos de México, legitimidad que se erige en la participación electoral y no en la orientación del voto. Aceptar a los partidos equivale a aceptar los caminos de la legitimidad trazados por el propio sistema político y reforzar a los gobiernos revolucionarios y postrevolucionarios. Rechazarlos de plano viene a corresponder con la negación en bloque del sistema político.

Los niños y los partidos

El análisis de la visión infantil de los partidos políticos actuales, ignorando la simpatía o antipatía que los niños pueden tener por un partido determinado, introduce serias limitaciones en el trabajo que, sin embargo, son obligatorias si se quiere mantener una estricta neutralidad en los trabajos de investigación. Los partidos, y en su caso los sindicatos, son vistos en este capítulo como instituciones componentes del sistema político mexicano, carentes de signo o de orientación. Por ello, el análisis se limita a 1º) examinar cómo creen los niños que deben organizarse los partidos –o si deben desaparecer– y cuál debe ser su relación con el gobierno; 2º) exponer cuál es para ellos la función de los sindicatos, y 3º) examinar su deseo, al presentarse la posibilidad de participar en estas organizaciones. Finalmente, tratar de conocer su deseo de participar, llegado el momento, en las elecciones, y el valor que le conceden a las mismas. La meta propuesta no es indagar la orientación partidaria de los niños, situándola en un espectro político ideal —izquierda, centro, derecha— ni siquiera en el contexto real del sistema político donde viven, sino buscar el grado de aceptación o rechazo de éste, independientemente de las corrientes político-ideológicas dominantes.

No puede darse una respuesta precisa sobre el grado de la intromisión del gobierno en la vida de los partidos, y los niños tuvieron que aceptar esta ignorancia. Debe tenerse presente la distinción de la acción gubernamental cuanto se trata de partidos de oposición, en los cuales la injerencia es indirecta, y el partido oficial, cuya dependencia del Poder Ejecutivo no puede ser puesta en duda. La injerencia del gobierno es, pues, en algunos casos directa y total, en otros indirecta y parcial. En el caso del PRI se da que los nombramientos decisivos, los del presidente y secretario general, son hechos directamente por el Presidente de la República, y que tanto el Comité Ejecutivo Nacional como la Asamblea Nacional no van más allá de ratificar *pro forma* las decisiones antes tomadas. Los reglamentos internos establecen una jerarquía autoritaria del partido y refuerzan la autonomía de los órganos directivos, al crear una serie de barreras que evitan las presiones directas de los asociados de base. Aceptar que el gobierno dirija a los partidos y nombre a sus líderes es, pues, aceptar una solución ejemplificada por la situación del PRI en el sistema político mexicano; limitar esta injerencia a la simple guía de los partidos, negándole al gobierno el derecho a nombrar a sus líderes, revela una orientación más cercana a la organización mostrada por los partidos de oposición; rechazar ambas soluciones supone una no aceptación de las formas actuales del autoritarismo, lo cual no revela, en el caso de manifestar un deseo de ver desaparecer a los partidos, un deseo de organización democrática: puede ser resultado de desear tanto un sistema aún más autoritario que el de 1968 como el deseo de ver un sistema de democracia ciento por ciento pura; finalmente, creer que los partidos deben ser absolutamente independientes del gobierno revela, si no una actitud democrática sin reservas, sí, al menos, un deseo de democratización del sistema.

Como los partidos y los sindicatos son símbolos de una situación específica de la sociedad política, resultan excepcionales piedras de toque para contrastar las actitudes políticas. La voluntad de participar en estas organizaciones, dejando de lado las necesidades que se pretenden cumplir a través de la participación, es, en sus consecuencias objetivas, una manera más de consolidar la legitimidad del sistema político. El rechazo obedece también a una causalidad múltiple, como se verá más adelante, pero un rechazo absoluto —reclamar la desaparición de los partidos y de los sindicatos— expresa, por lo menos, un deseo de cambio del régimen político.

Un primer hecho salta a la vista: la aceptación mayoritaria por parte de los niños del sistema de partidos imperante. Apenas un diez por ciento de los interrogados manifestaron el deseo de verlos desaparecer. Este diez por ciento aparece concentrado en los grupos de niños más pequeños; en el grupo de 3º de secundaria ya sólo se encuentran unos cuantos opositores radicales a estas organizaciones políticas. Pero en esta aceptación masiva del sistema de partidos se advierten varias causas tras las formas de la relación gobierno-partido deseadas.

La organización autoritaria y la dependencia total de los partidos de la voluntad del gobierno, es, al igual que la idea de ver desaparecer a los partidos, una actitud presente entre los niños asistentes a las escuelas primarias (5º y 6º) pero que va reduciéndose claramente tan pronto como pasan a las escuelas secundarias. Y, como era de esperarse, esta actitud es tanto más abundante cuanto menor es el prestigio de la profesión del padre del escolar.

Dos factores parecen, pues, conjugarse en la formación de las actitudes autoritarias frente a los partidos: la cultura de los grupos de bajo prestigio social (obreros y campesinos) autoritaria y desconfiada, con la baja edad y la poca escolaridad —donde la percepción del sistema político está personalizada en el Presidente de la República— lleva a considerar necesaria la sumisión de una institución poco conocida a una que lo es notoriamente más.

Las dos soluciones más aceptadas implican un grado de libertad mucho mayor, aunque una de ellas (los partidos nombran a sus líderes pero el gobierno los guía) se identifica más con la situación de los partidos de oposición en el sistema político mexicano actual y la otra (deben ser absolutamente independientes) corresponde a una voluntad o deseo de ver a los partidos en una situación distinta de la que priva hoy.

La primera de estas dos soluciones es la que se va imponiendo con el aumento de la información, de la edad y de la escolaridad. El prestigio profesional del padre, y por lo mismo, las esperanzas sociales del niño parecen actuar sobre estas preferencias. Los hijos de profesionistas liberales, empresarios y funcionarios educados en las escuelas privadas son los más proclives a esta solución, lo que puede deberse en primer lugar, a que esta situación de los partidos en el sistema político les es favorable, a sus padres hoy y a ellos mañana, porque el partido es un instrumento de control político capaz de permitir un libre juego de sus ambiciones en un medio predecible al introducir un elemento de seguridad.

Cuadro 1

A El gobierno debe suprimir todos los partidos políticos
B El gobierno debe dirigir a los partidos políticos y nombrar a sus líderes
C Los partidos deben elegir a sus líderes, pero el gobierno debe guiar a los partidos
D Los partidos políticos deben ser independientes del gobierno

Ocupación del padre	*Escolaridad*					
	5ºP	*6ºP*	*1ºS*	*2ºS*	*3ºS*	
	9.1	5.4	6.9	4.8	1.6	A
Profesión liberal	18.2	14.3	12.5	11.3	4.8	B
	31.8	37.5	40.3	41.9	50.0	C
	31.8	41.1	30.6	37.1	32.3	D
	10.0	9.5	5.0	0.0	0.0	A
Empresarios	15.0	9.5	20.0	9.7	8.0	B
	35.0	38.1	35.0	51.6	36.0	C
	35.0	42.9	25.0	35.5	36.0	D
	14.9	13.5	9.2	5.3	3.1	A
Empleados	18.8	17.9	16.9	15.3	10.9	B
	25.3	27.9	33.1	24.4	51.9	C
	35.1	35.3	31.0	47.3	31.8	D
	32.6	6.4	6.8	2.5	7.5	A
Funcionarios	15.2	17.0	18.6	7.5	10.0	B
	15.2	27.7	35.6	42.5	47.5	C
	26.1	42.6	32.2	37.5	30.0	D
	14.9	19.4	11.1	7.1	7.1	A
Obreros	27.6	19.4	10.0	14.3	13.3	B
	17.9	20.4	34.4	32.7	36.7	C
	37.3	38.0	35.6	40.8	35.7	D
	12.3	14.9	7.1	4.0	6.4	A
Campesinos	20.2	16.3	18.9	15.8	13.8	B
	24.6	27.0	31.5	36.6	39.4	C
	37.7	38.3	34.6	35.6	31.2	D

La posición de los hijos de profesionistas o de empresarios sólo debe asimilar parte de las causas de estas actitudes al no ser, por lo general, sus padres miembros de partidos, mientras que los funcionarios son todos miembros directos o indirectos del partido dominante, que está siempre vinculado a su *cursus honorum*. Pero cuando se trate de niños cuyas simpatías vayan a los partidos de oposición —se ignora cuántos son—, la motivación puede ser diferente al aceptar la guía del gobierno. El autoritarismo que permea a toda la cultura política y a la cultura social mexicanas es desde luego un elemento opuesto a la plena libertad de una organización política frente a las instituciones gubernamentales. La última explicación alternativa es que los niños y jóvenes identifiquen esta manera de insertarse los partidos en la vida política de México con lo que ellos creen ser la realidad, es decir, aceptan una solución *de facto,* un hecho dado, en vez de expresar una actitud; un juicio de realidad y no un juicio de valor. En cualquier caso se manifiestan en favor del mantenimiento de una situación favorable a los grupos de mejor situación.

Un grupo que parece inscribirse en contra de esta situación está compuesto por los hijos de los obreros educados en establecimientos privados. Para un obrero, enviar a sus hijos a un establecimiento donde ha de pagar una colegiatura o a una escuela privada, casi siempre religiosa, pero gratuita implica ya sea una posición privilegiada que le coloca en la parte superior del mundo del trabajo asalariado, ya una elección conservadora frente a la educación. En los dos casos no es aventurado suponer una voluntad deliberada de sustraer a sus hijos de la educación impartida por el Estado de manera gratuita. Estos niños, los hijos de los obreros asistentes a escuelas privadas, son los más opuestos a cualquier ingerencia del gobierno en la vida de los partidos. Ningún grupo afirmará con tal fuerza la necesidad de que los partidos políticos sean absolutamente independientes (42%). Por el contrario, los hijos de funcionarios también en las escuelas privadas sienten un atractivo mucho menor por la libertad absoluta de la vida partidista (23%), quizás porque, como se señalaba líneas más arriba, sus padres están favorecidos por la situación actual, y son también de los grupos más adentrados en la disposición real de las fuerzas políticas.

La posición económica de la familia debe ser la razón por la que los escolares de los establecimientos del Estado son menos favorables a admitir la voluntad del gobierno en la organización de los partidos y se pronuncian con mayor frecuencia por la independencia total de los mismos. Una situación económica privilegiada conduce de manera inevitable hacia el mantenimiento del *status quo* político. Estas mismas explicaciones —vislumbrar un futuro prometedor a través del éxito escolar y una mayor información— están en la base del papel desempeñado por la escolaridad en la aceptación de la presencia limitada del gobierno, idea que en términos generales duplica su número de partidarios entre 5º de primaria y 3º de secundaria, mientras que las actitudes más autoritarias (desaparición de los partidos o dominio absoluto

Cuadro 2

Escuelas	Empresarios Púb.	Empresarios Priv.	Prof. Lib. Púb.	Prof. Lib. Priv.	Funcionarios Púb.	Funcionarios Priv.	Empleados Púb.	Empleados Priv.	Obreros Púb.	Obreros Priv.	Campesinos Púb.	Campesinos Priv.
24[a]												
A	8.3	3.2	5.4	5.4	11.2	11.3	8.7	11.2	13.5	10.3	9.4	9.1
B	15.1	10.6	10.7	12.5	14.0	15.1	16.4	15.9	16.7	19.9	16.8	18.2
C	37.1	41.1	42.0	40.2	30.2	43.4	29.5	37.1	29.2	20.6	30.0	33.7
D	35.5	35.1	37.5	32.6	36.9	22.6	39.5	28.4	36.5	41.9	36.5	33.7
No contesta	4.0	10.0	4.5	9.2	7.8	7.5	5.8	7.3	4.1	7.4	7.2	5.3
28[b]												
sí	27.5	24.4	24.1	23.9	41.9	32.1	42.4	29.3	53.9	39.0	46.2	42.8
no	55.0	60.3	52.7	58.2	33.5	41.5	37.2	50.0	30.2	38.2	26.7	37.4
no sé	17.5	15.4	23.2	17.9	24.6	26.4	20.4	20.7	15.9	22.8	27.2	19.8
29[c]												
A	47.5	47.4	42.0	46.2	45.8	39.6	46.4	40.5	48.1	34.6	38.7	39.0
B	5.0	23.1	19.6	13.6	15.6	15.1	15.8	19.4	15.5	17.6	11.5	10.7
C	12.5	12.8	19.6	21.7	17.3	22.6	18.3	20.7	19.3	24.3	28.6	25.1
D	25.0	6.4	13.4	9.8	12.8	13.2	13.9	11.6	12.3	18.4	16.1	16.0

no	37.5	52.6	39.3	50.5	21.2	43.4	27.0	38.8	23.4	27.2	21.4	29.4
no sé	27.5	29.5	26.8	29.9	33.6	34.0	24.3	36.3	19.3	26.5	29.6	29.4
26[e]												
cierto	37.5	23.1	35.7	20.7	34.6	32.1	35.8	36.6	38.4	40.4	37.7	31.6
falso	47.5	66.7	46.4	65.8	41.9	45.3	42.0	43.5	39.4	36.8	36.1	39.0
no sé	15.0	10.3	17.9	13.6	23.5	22.6	22.2	19.4	22.2	22.8	26.2	29.4
27[f]												
sí	67.5	91.0	75.9	88.0	82.7	79.2	83.0	77.2	86.5	82.4	76.7	80.7
no	20.0	1.3	5.4	2.7	4.5	1.9	4.8	5.6	3.9	5.1	7.0	4.8
no sé	12.5	7.7	18.8	9.2	12.8	18.9	12.3	16.8	9.7	12.5	16.3	14.4

[a] A: El gobierno debe suprimir todos los partidos políticos
B: El gobierno debe dirigir a los partidos y nombrar a sus líderes
C: Los partidos deben elegir a sus líderes, pero el gobierno debe guiar a los partidos
D: Los partidos políticos deben ser independientes del gobierno

[b] ¿Te gustaría, cuando seas mayor de edad, entrar en un partido político?

[c] A: Sin los sindicatos los obreros no podrían defenderse frente a los patrones
B: Los sindicatos son buenos, lo malo son sus líderes
C: Cuando un obrero tiene problemas, debe dirigirse directamente al patrón y olvidarse de los líderes y del sindicato
D: Cuando desaparezcan los sindicatos los obreros vivirán mejor

[d] ¿Cuando empieces a trabajar te gustaría pertenecer a un sindicato?

[e] Tanta gente vota en las elecciones que no importa mucho que se vote o no

[f] ¿Piensas votar cuando seas mayor de edad?

Cuadro 3

	Escolaridad	*Edad* 10	11	12	13	14	15
El gobierno debe suprimir todos los partidos	5ºP	15.8	9.1	16.9	15.8	—	—
	6ºP	13.0	10.8	13.6	10.7	12.7	—
	1ºS	—	8.8	5.2	10.0	9.3	7.8
	2ºS	—	—	3.1	6.6	1.9	5.8
	3ºS	—	—	—	5.6	3.3	5.4
El gobierno debe dirigir a los partidos y nombrar a sus líderes	5ºP	19.2	29.1	26.1	15.8	—	—
	6ºP	24.1	15.0	15.5	20.0	21.5	—
	1ºS	—	13.2	19.1	14.5	13.9	14.3
	2ºS	—	—	20.0	12.0	12.2	13.9
	3ºS	—	—	—	8.3	10.8	11.9
Los partidos deben elegir a sus líderes, el gobierno debe guiarlos	5ºP	26.8	23.1	22.5	19.7	—	—
	6ºP	27.8	30.0	25.9	29.3	19.0	—
	1ºS	—	26.5	37.1	35.3	33.3	24.7
	2ºS	—	—	44.6	38.8	35.7	34.3
	3ºS	—	—	—	37.5	45.4	43.3
Los partidos deben ser independientes del gobierno	5ºP	33.2	38.2	31.7	40.8	—	—
	6ºP	33.3	38.8	41.4	33.6	38.0	—
	1ºS	—	42.6	30.0	30.3	32.4	42.9
	2ºS	—	—	27.7	37.2	40.4	38.7
	3ºS	—	—	—	36.1	32.7	31.4

del gobierno) van desvaneciéndose hasta casi desaparecer a medida que el niño va acumulando información y triunfando en sus estudios.

Niños y sindicatos

El sindicato evocó respuestas diferentes, pues se buscaba saber cuál debía ser la función sindical más aceptada y no su organización ideal. Tres de las opciones ofrecidas eran francamente adversas. La primera al postularlos como obstáculos para el mejoramiento de los obreros; la segunda, al señalar a los líderes como algo malo, y la tercera al proponer una relación paternalista entre el obrero y el patrono por encima del sindicato. La única opción favorable a las organizaciones obreras hace referencia a la reivindicación general y, más allá, la lucha de clases: obreros frente a patronos.

Simpatía y hostilidad hacia los sindicatos

Entre los niños más directamente relacionados con el mundo de los sindicatos —los hijos de obreros— es donde se dan las opiniones más claras: por un lado, entre ellos se considera más que en cualquier otro grupo a los sindicatos la única defensa posible ante el patronato; por el otro, entre ellos se dan también los grupos más numerosos de oposición incondicional a las organizaciones obreras. El ambiente familiar debe encontrarse en el origen de estas actitudes, a pesar de la falta de conversaciones con los padres sobre política entre los obreros. Mas pese a ser un grupo en conjunto mal informado sobre la actividad política, entre ellos aparece el grupo más numeroso de quienes consideran a los sindicatos organizaciones de lucha obrera (el 48% de quienes estudian en las escuelas públicas) y también el grupo más pequeño de quienes creen tal cosa (35% de los que estudian en establecimientos privados). La falta de entusiasmo por las funciones políticas y reivindicativas de los partidos y de los sindicatos va pues estrechamente vinculada y puede suponerse tras él un rechazo global del sistema político. Vistos en conjunto son estos hijos de obreros donde las actitudes favorables a los sindicatos más se van a desarrollar con la cercanía del trabajo y el fin de las ilusiones. Pero no son sólo los hijos de los obreros quienes van considerando de manera acelerada al sindicato como un instrumento de lucha: a los 15 años en todos los grupos domina esta actitud, debido esto, quizás, como en el caso de los obreros, a la cercanía del trabajo, aunque tal explicación encuentra el inconveniente de que son pocos los que desean ejercer actividades dominadas por el sindicalismo. Esperanzas y realidades sociales no corren sin embargo juntas, como se verá en el capítulo correspondiente.

De todos modos, es de nueva cuenta la escolaridad el factor de más clara influencia en la formación de las actitudes favorables a las organizaciones laborales. Si se controla la edad, se advierte un notable aumento de estas actitudes y una precipitada caída de las hostiles, tanto de las que concluyen en considerar a los sindicatos obstáculos para la mayoría de los obreros, como de las actitudes paternalistas que, en el fondo, también comparten estas ideas. Los niños mejor situados en el mundo escolar por no haber padecido retrasos en sus estudios o que incluso han ganado años escolares, son quienes se inscriben abiertamente en favor de la resistencia obrera. Puede suponerse a estos niños, los mejor informados sobre el sistema político; también los mejor informados sobre el sistema social y económico que los rodea y, debido

Cuadro 4

	Escolaridad	Edad					
		10	*11*	*12*	*13*	*14*	*15*
Sin los sindicatos los obreros no podrían defenderse frente a los patrones	5ºP	28.7	45.7	21.8	28.9	—	—
	6ºP	35.2	39.6	38.2	42.1	39.2	—
	1ºS	—	51.5	47.6	43.9	41.7	39.0
	2ºS	—	—	47.7	44.2	40.8	48.9
	3ºS	—	—	—	55.6	54.2	59.0
Los sindicatos son buenos, lo malo son sus líderes	5ºP	14.3	10.8	11.3	13.2	—	—
	6ºP	5.6	13.3	11.4	7.9	10.1	—
	1ºS	—	7.4	15.0	16.7	16.7	11.7
	2ºS	—	—	18.5	16.9	21.6	22.6
	3ºS	—	—	—	16.7	19.3	15.3
Cuando un obrero tiene problemas, etc.	5ºP	26.8	23.7	31.0	25.0	—	—
	6ºP	33.3	22.5	27.7	22.1	25.3	—
	1ºS	—	23.5	21.7	21.3	22.2	28.6
	2ºS	—	—	20.0	21.9	20.2	18.2
	3ºS	—	—	—	13.9	13.7	12.3
Cuando desaparezcan los sindicatos los obreros vivirán mejor	5ºP	26.4	14.5	31.7	27.6	—	—
	6ºP	16.7	20.0	20.0	20.7	17.7	—
	1ºS	—	7.4	8.6	10.4	13.9	9.1
	2ºS	—	—	9.2	11.2	7.0	8.0
	3ºS	—	—	—	8.3	5.9	5.0

a esto, más favorables a las organizaciones que, mal que bien, pueden defender a los trabajadores.

A pesar de los ataques permanentes en la prensa en contra de la corrupción sindical, del "charrismo", de la ausencia de democracia en los sindicatos, estos temas son poco llamativos, sobre todo para los más pequeños. Sólo entre los hijos de profesionistas —y el hecho es importante por tratarse de los más interesados y mejor informados sobre la vida política mexicana—, este fenómeno, la corrupción lideril, domina en las celdas de los 14 y 15 años. En cuanto a los niños ajenos, en principio, el mundo asalariado y sindical, la percepción se orienta más hacia los aspectos de los sindicatos congruentes con su contexto político global, donde se impone una imagen estereotipada y cara a la "intelligentsia", adversa a los líderes obreros y a la cauda de adjetivos que los suele acompañar. Los hijos de los profesionistas siguen en esto las pautas marcadas por la prensa destinada a las clases medias y sus posturas antilideriles. El desarrollo de la visión que tienen los niños de las relaciones dentro del mundo del trabajo y el papel desempeñado por el sindicato se debe claramente a la escolaridad, o sea, entre otras cosas, al aumento de la información disponible, aunque no deben olvidarse sus orígenes sociales. Todos éstos son factores que modifican la percepción de la situación del obrero.

El conocimiento del papel positivo sindical aparece primero entre los grupos de mayor status: en 5º de primaria el 45 por ciento de los hijos de profesionistas ya los consideran un instrumento de lucha contra el patronato, pero sólo el 25 por ciento de los campesinos lo piensa. La escuela va a convencer a los niños de más bajo status de su papel combativo y, en 3º de secundaria, el orden se ha invertido y son los grupos sociales asalariados –empleados, funcionarios, obreros y campesinos– donde más rápidamente va abriéndose paso esta visión favorable a la misión sindical de defensa obrera.

La influencia del paternalismo

La antipatía de los más pequeños hacia la mediatización de las relaciones humanas, o simplemente su desconocimiento de este fenómeno, es un factor importante entre los escolares de primaria. El vivir en un mundo donde dominan las relaciones directas –padre-hijo, maestro-alumno, grupo de pares– sitúa al niño en un mundo, no de relaciones impersonales indirectas, sino personales y directas. Es lógico que la relación obrero-patrono para él deba ser también directa.

Una incógnita difícil de despejar es la actitud antipaternalista de los hijos de empresarios. Perteneciendo, como pertenecen, a uno de los sectores más modernos de la sociedad mexicana, al menos en lo que se refiere a las relaciones económicas, resulta comprensible esta posición; aunque parece incongruente con las facilidades otorgadas por el control sindical a los industriales. La persistencia de formas de relación tradicionales en el mundo campesino ayuda a explicar su adhesión a las actitudes paternalistas manifestadas por la solución de los problemas de los obreros por parte de los patronos y por encima –o debajo– de los sindicatos.

La enseñanza, en conjunto, acarrea una visión favorable de los sindicatos en aquellos niños que, al principio, les son más hostiles. Por ejemplo, los hijos de los campesinos, cuando aparecen en esta encuesta (5º de primaria) sumados a quienes piden su desaparición y los consideran inútiles para resolver el problema de un obrero, comprenden muy cerca de un 60 por ciento; en 3º de secundaria ya no piensa así más

Cuadro 5

A SIN LOS SINDICATOS LOS OBREROS NO PODRÍAN DEFENDERSE FRENTE A LOS PATRONES
B LOS SINDICATOS SON BUENOS, LO MALO SON SUS LÍDERES
C CUANDO UN OBRERO TIENE PROBLEMAS, DEBE DIRIGIRSE DIRECTAMENTE AL PATRÓN Y OLVIDARSE DE LÍDERES Y DEL SINDICATO
D CUANDO DESAPAREZCAN LOS SINDICATOS LOS OBREROS VIVIRÁN MEJOR

	Escolaridad					
	5°P	*6°P*	*1°S*	*2°S*	*3°S*	
Profesiones liberales	45.5	32.1	50.0	48.4	45.2	A
	9.1	5.4	11.1	21.0	30.6	B
	20.5	35.7	20.8	19.4	9.7	C
	20.5	21.4	8.3	6.5	3.2	D
Empresarios	40.0	47.6	45.0	48.4	52.0	A
	20.0	4.8	30.0	9.7	24.0	B
	15.0	9.5	15.0	19.4	4.0	C
	20.0	19.0	10.0	9.7	8.0	D
Empleados	31.8	41.0	50.0	42.7	59.7	A
	12.3	11.5	16.2	25.2	21.7	B
	22.7	22.4	17.6	19.1	12.4	C
	26.6	18.6	7.7	7.6	2.3	D
Funcionarios	32.6	44.7	45.8	35.0	65.0	A
	17.4	10.6	20.3	20.0	7.5	B
	15.2	25.5	16.9	25.0	10.0	C
	23.9	17.0	5.1	10.0	10.0	D
Obreros	31.3	44.4	46.7	51.0	60.2	A
	14.9	15.7	15.6	18.4	14.3	B
	23.9	19.4	23.3	23.5	10.2	C
	28.4	17.6	8.9	2.0	4.1	D
Campesinos	25.4	34.8	36.8	43.6	53.2	A
	11.4	5.0	11.0	18.8	12.8	B
	36.8	33.3	32.3	19.8	12.8	C
	22.8	22.0	11.0	10.9	11.0	D

que la cuarta parte; los hijos de los obreros, tomando los mismos datos, pasan de ser algo más de la mitad en 5° de primaria a un 15 por ciento en 3° de secundaria.

El deseo de participar

La visión de los partidos y de los sindicatos va siendo tanto más favorable cuanto mayor es la información y la educación —que no es sólo información— de los escolares. Pero esta visión positiva no encuentra una correlación también positiva con el deseo de ingresar a partidos o sindicatos. Es más, la correlación es negativa: a mayor escolaridad, menor deseo de adherirse a las organizaciones políticas o laborales.

El deseo de entrar en un partido o un sindicato obedece a una causalidad casi infinita, como sucede con la mayor parte de los fenómenos sociales. Por razones venidas de la limitación de la encuesta, sólo se van a considerar dos: las aspiraciones profesionales de los niños, y dónde se educan.

El partido y el sindicato son para los niños mexicanos, una manera de escapar de su mundo y, de manera especial, de su fracaso escolar. Si bien, como se ha visto, se da entre ellos una aceptación del sistema de partidos y sindicatos —y de las funciones que cumplen— a medida que va subiendo la escolaridad, esta aceptación no va acompañada de una voluntad expresa de entrar en ellos sino, al revés, se va manifestando un claro rechazo de la idea de verse encuadrado en organizaciones políticas formales. La situación social de la familia va a ser un factor importante en la aceptación o rechazo de la idea de ingresar en las organizaciones políticas. La base de la pirámide social, hijos de obreros y campesinos, manifiesta un nivel mucho más alto de aceptación que el vértice —hijos de profesionistas y empresarios—, pero las tendencias son claramente las mismas: a mayor escolaridad y mayores aspiraciones sociales, menores deseos de tener una credencial de un partido o de un sindicato. Debe advertirse cómo el rechazo de los partidos es mucho más rápido y contundente que el rechazo de los sindicatos. La función atribuida por la mayoría de los niños a los sindicatos —defender a los obreros frente a los patronos— debe de manera casi segura sostener la idea de ingresar en un sindicato, sobre todo entre los niños de extracción obrera y campesina, y también entre los de padres funcionarios —siempre sindicalizados—, quizás porque pese a sus aspiraciones saben que, al cabo de unos años, llegará la mayoría de ellos a un trabajo similar al de sus padres, donde la afiliación al sindicato es obligatoria y, además, los sitúa en la élite de su grupo. La escolaridad no tiene el mismo peso que el origen social al tratarse de la participación en un sindicato: en cualquier año escolar, los hijos de profesionistas y empresarios se pronuncian de modo aplastante en contra del ingreso a la organización obrera; entre empleados, funcionarios, obreros y campe-

Cuadro 6

¿CUANDO EMPIECES A TRABAJAR TE GUSTARÍA PERTENECER A UN SINDICATO?

Ocupación del padre		*Escolaridad*				
		5ºP	*6ºP*	*1ºS*	*2ºS*	*3ºS*
Profesiones liberales	sí	27.3	30.4	19.4	17.7	30.6
	no	45.5	42.9	47.2	46.8	48.4
	no sé	27.3	26.8	31.9	35.5	21.9
Empresarios	sí	20.0	23.8	20.0	16.1	36.0
	no	40.0	47.6	45.0	58.1	44.0
	no sé	40.0	28.6	35.0	25.8	20.0
Empleados	sí	45.5	41.0	37.3	32.8	46.5
	no	22.7	32.1	29.6	45.0	26.4
	no sé	31.8	26.9	32.4	22.1	27.1
Funcionarios	sí	50.0	31.9	33.9	40.0	45.0
	no	19.6	34.0	25.4	27.5	25.0
	no sé	30.4	34.0	40.7	30.0	30.0
Obreros	sí	58.2	50.0	47.8	52.0	58.2
	no	18.7	25.9	28.9	26.5	25.5
	no sé	23.1	24.1	23.3	21.4	16.3
Campesinos	sí	39.5	57.4	39.4	47.5	45.9
	no	31.6	20.6	23.6	25.7	20.2
	no sé	28.9	22.0	37.0	26.7	33.9

sinos, se está por entrar, y en las dos últimas categorías —obreros y campesinos— quienes se manifiestan por el ingreso superan a quienes lo rechazan en la proporción de dos a uno.

Tomando a todos los grupos, sin distinción de origen profesional, la escolaridad juega contra la participación si se controla la edad, o sea, la mayor escolaridad, dentro de un mismo grupo de edad, menor deseo de participación, pero si, por el contrario, se controla la escolaridad, se advierte cómo la edad actúa en favor del ingreso. Es decir, la mala situación escolar —muchos años y poca escuela—, la imposibilidad de ver cumplidas las aspiraciones sociales —la profesión liberal— conduce hacia nuevos caminos: el sindicato y el partido, instrumentos necesarios para el mundo del trabajo asalariado, con todo lo que ello supone: cosas como el control de los afiliados, la movilización parcial, pero también la articulación y transmisión de sus intereses, su defensa y promoción.

Cuadro 7

¿TE GUSTARÍA, CUANDO SEAS MAYOR DE EDAD, ENTRAR EN UN PARTIDO POLÍTICO?

	Escolaridad	*Edad*					
		10	*11*	*12*	*13*	*14*	*15*
	5°P	47.9	44.6	40.1	53.9	—	—
	6°P	38.9	38.8	37.2	43.6	48.1	—
SÍ	1°S	—	32.4	30.3	33.0	54.6	51.9
	2°S	—	—	29.2	37.6	42.7	54.7
	3°S	—	—	—	27.8	36.3	44.1
	5°P	27.9	35.5	31.7	23.7	—	—
	6°P	42.6	35.8	41.4	29.3	26.6	—
NO	1°S	—	55.4	49.1	42.5	20.4	24.7
	2°S	—	—	50.8	44.6	41.8	30.7
	3°S	—	—	—	54.2	44.4	39.1
	5°P	24.2	19.9	28.2	22.4	—	—
	6°P	18.5	25.4	21.4	27.1	25.3	—
NO SÉ	1°S	—	11.8	20.6	24.4	25.0	23.4
	2°S	—	—	20.0	17.8	15.5	14.6
	3°S	—	—	—	18.1	19.3	16.9

Queda un punto más por tratar, y es la influencia del tipo de escuela donde se educa el niño. Ya se ha señalado en varias ocasiones la acumulación de factores: a las escuelas privadas acuden (véase muestra) más los hijos de los estratos superiores de la sociedad mexicana y despliegan, en términos generales, un mayor interés por la política, una información más rápida y abundante que la impartida por las escuelas públicas. La introducción de este elemento va a dar resultados esperados, que confirman cuanto se ha visto. En primer lugar, los hijos de los profesionistas, asistan a las escuelas que asistan, se inclinan siempre en mayoría por no entrar ni en partidos ni en sindicatos, aunque los asistentes a los establecimientos privados manifiestan unos niveles de rechazo mucho más elevados cuando se trata del ingreso a los sindicatos; empleados y funcionarios siguen una conducta igual entre ellos: los asistentes a las escuelas públicas expresan de modo mayoritario su deseo de afiliarse a partidos y sindicatos en el futuro y, entre los educandos de las privadas, son mayoría, y clara, quienes no quieren tener nada que ver con ellos; finalmente, entre los obreros y campe-

Cuadro 8

¿CUANDO EMPIECES A TRABAJAR TE GUSTARÍA PERTENECER A UN SINDICATO?

	Escola-ridad	Edad					
		10	*11*	*12*	*13*	*14*	*15*
	5ºP	41.1	42.5	50.0	60.5	—	—
	6ºP	37.0	39.6	42.7	49.3	58.2	—
SÍ	1ºS	—	32.4	30.3	33.0	54.6	51.9
	2ºS	—	—	36.9	31.0	38.5	57.7
	3ºS	—	—	—	36.1	40.5	47.9
	5ºP	30.2	22.0	22.5	19.7	—	—
	6ºP	33.3	31.2	32.7	22.1	26.6	—
NO	1ºS	—	55.9	49.1	42.5	20.4	24.7
	2ºS	—	—	36.9	38.8	34.2	21.9
	3ºS	—	—	—	25.0	29.7	29.5
	5ºP	28.7	35.5	26.8	19.7	—	—
	6ºP	29.6	29.2	24.1	28.6	15.2	—
NO SÉ	1ºS	—	11.8	20.6	24.4	25.0	23.4
	2ºS	—	—	26.2	29.8	27.2	20.4
	3ºS	—	—	—	38.9	29.7	22.6

sinos, ya estudien en los establecimientos públicos, ya en los privados, son muchos más los que piensan en afiliarse a las organizaciones políticas, aunque, como en el caso de los hijos de profesionistas, son muchos más los orientados positivamente hacia el ingreso. Puede, pues, deberse estas actitudes al origen social o a la escuela, pero el caso es que, en conjunto, en las escuelas públicas la mayoría de los escolares está positivamente orientada hacia el ingreso en las organizaciones políticas y, en las públicas, las orientaciones son entre la mayoría, negativas.

El voto es el acto mínimo de la participación política; todos los demás —el interés por la literatura política, tener conversaciones políticas, afiliarse a un partido, pagar cuotas, participar en mítines y asambleas— son superiores en la escala de participación al exigir una mayor actividad voluntaria. Debe tenerse en cuenta, sin embargo, que quienes rechazan abiertamente el acto de votar, pueden hacerlo por razones que no son ni la apatía ni la indiferencia sino, por el contrario, esta negativa puede ser resultado de una voluntad expresa de retirarle cualquier apoyo a un sistema al que no se quiere legitimar. Abstencionismo e indiferencia no pueden ni deben identificarse; es más, en México, la participación electoral está casi en razón inversa con el desarrollo de la entidad federativa.

De todos modos, el voto aun siendo el acto mínimo de participación, requiere de una serie de condiciones precisas, la primera de las cuales es saber de la simple existencia del acto electoral, de sus procedimientos, del conocimiento de por quién se puede votar, cuándo y cómo. En el capítulo sobre información se señaló el bajo conocimiento de los niños sobre las elecciones, los cargos de elección popular y, con algunas salvedades, sobre la edad ciudadana. Resulta pues curioso que la predisposición manifiesta hacia la participación electoral sea positiva: no se sabe por quién votar pero se quiere votar.

El estereotipo del votante creado por la sociología política para los países industriales parece darse, en sus grandes líneas, entre los niños

Cuadro 9

TANTA GENTE VOTA EN LAS ELECCIONES QUE NO IMPORTA MUCHO QUE SE VOTE O NO

Ocupación del padre		*Escolaridad*				
		5ºP	*6ºP*	*1ºS*	*2ºS*	*3ºS*
Profesiones liberales	Cierto	43.2	35.7	25.0	19.4	14.5
	Falso	34.1	39.3	56.9	75.8	77.4
	No sé	22.7	25.0	18.1	4.8	8.1
Empresarios	Cierto	20.0	47.6	25.0	25.8	24.0
	Falso	45.0	42.9	70.0	67.7	68.0
	No sé	35.0	9.5	5.0	6.5	8.0
Empleados	Cierto	40.3	40.4	31.7	35.1	31.8
	Falso	26.0	32.1	47.9	55.0	56.6
	No sé	33.8	27.6	19.7	9.9	11.6
Funcionarios	Cierto	34.8	46.8	30.5	30.0	27.5
	Falso	30.4	27.7	49.2	55.0	52.5
	No sé	34.8	25.5	20.3	15.0	20.0
Obreros	Cierto	47.8	38.0	40.0	42.9	21.4
	Falso	23.9	35.3	42.2	44.9	60.2
	No sé	28.4	26.7	17.8	12.2	18.4
Campesinos	Cierto	36.8	39.0	37.8	29.7	33.9
	Falso	31.6	28.4	33.9	45.5	51.4
	No sé	31.6	32.6	28.3	24.8	14.7

mexicanos, cuando se les pregunta por su intención de participar o no, en su debido momento, en las elecciones. Cuanto más urbanos –e informados– más elevada es la orientación positiva hacia las elecciones: si en Tabasco el 72 por ciento dice pensar votar al llegar a la mayoría de edad, en el D. F. estos niños suman el 87 y en Nuevo León el 84; los hombres piensan votar con mayor frecuencia (85%) que las mujeres (77%), y la subida de la edad –y por fuerza de la información– es un elemento que viene a reforzar la intención de participar. En resumen, los niños entrevistados están abierta y positivamente orientados hacia la participación electoral, cosa que, ya se ha visto, no sucede entre los adultos.

Cuadro 10

¿Piensas votar cuando seas mayor de edad?

Ocupación del padre		*Escolaridad*				
		5ºP	*6ºP*	*1ºS*	*2ºS*	*3ºS*
Profesiones liberales	Sí	81.8	75.0	81.9	85.5	91.9
	No	6.8	5.4	5.6	1.6	0.0
	No sé	11.4	19.6	12.5	12.9	8.1
Empresarios	Sí	60.0	76.2	90.0	93.5	88.0
	No	20.0	19.0	0.0	0.0	4.0
	No sé	20.0	4.8	10.0	6.5	8.0
Empleados	Sí	72.1	78.8	82.4	87.0	86.8
	No	7.8	5.8	5.6	3.1	2.3
	No sé	19.5	15.4	12.0	9.9	10.9
Funcionarios	Sí	73.9	78.7	81.4	87.5	90.0
	No	8.7	2.1	3.4	5.0	0.0
	No sé	17.4	19.1	15.3	7.5	10.0
Obreros	Sí	83.6	84.3	88.9	87.8	87.8
	No	2.2	3.7	3.3	4.1	4.0
	No sé	14.2	12.0	7.8	8.2	8.2
Campesinos	Sí	64.9	77.3	81.1	84.2	84.4
	No	14.9	5.0	2.4	5.0	3.7
	No sé	20.2	17.7	16.5	10.9	11.9

Esta intención parece responder, en los primeros años escolares estudiados, a estímulos puramente formales, pues la confianza en el poder del voto es mínima. La escuela va a ser, en este sentido, el agente fundamental en la liquidación del cinismo político, sobre todo electoral, porque si los niños dudan en 5º de primaria de la efectividad de la participación, esta duda desaparece rápidamente a medida que van pasando años en las escuelas; de acuerdo con el origen profesional del padre, al llegar al último año de secundaria, expresan una firme y amplia convicción en el hecho de ir a las urnas.

Las elecciones, no se olvide, para el universo infantil mexicano y escolarizado, se centran en la elección del Presidente. Los gobernadores estatales, los senadores y los diputados vienen muy atrás. ¿Se trata de un *band-wagon effect*, de un deseo de confirmar una decisión tomada fuera del control de los ciudadanos, en cuya efectividad no se cree? Los datos obtenidos no permiten pronunciarse en ningún sentido pero sí puede señalarse: 1º la amplitud del deseo de participar en el primer escalón de la política por parte de casi todos los niños encuestados y el crecimiento de las actitudes positivas hacia el voto (sí importa votar aunque todo el mundo vote); 2º la aceptación creciente de la organización de los partidos y de la función de los sindicatos en el sistema político de México y 3º una aceptación selectiva del ingreso en los partidos y los sindicatos, determinada por el origen social y el éxito escolar.

CAPÍTULO V

SÍMBOLOS Y MITOS DEL NACIONALISMO

En este capítulo se trata de estudiar algunos de los elementos constitutivos del nacionalismo de los niños mexicanos y observar cómo este nacionalismo varía en función de agentes tales como la escuela, la escolaridad, la localidad, la ocupación del padre, etc. En una segunda parte se intenta ver qué reacciones despierta en ellos el mundo exterior y cómo este mundo influye sobre su nacionalismo.

Los símbolos y mitos del nacionalismo

Las definiciones que sobre el nacionalismo se han dado son tan numerosas como heterogéneas. Uno de los más cuidadosos compiladores de estas versiones llega por su cuenta a descubrir dos tipos de nacionalismo: 1. "La voluntad de una comunidad que por diversas circunstancias ha tomado conciencia de su individualidad histórica para crear o desarrollar su propio Estado-nación" [1] y 2. "Un sistema de pensamiento, de sentimientos o de emociones esencialmente centrado en la defensa o exaltación de la idea nacional".[2] La primera idea se aplica a los lugares donde el Estado no está aún jurídicamente constituido; la segunda se aplica tanto al nacionalismo de los "nacionalistas", articulado doctrinalmente y por lo general vinculado de manera estrecha con una ideología política –Europa es quien proporciona los ejemplos más claros de esta variedad de nacionalismo durante los siglos pasado y

[1] R. Girardet y M. Semidei. Étude comparative des nationalismes contemporains. Serie nº 1, Généralités, 2. *Itinéraires et définitions terminologiques,* Association Française de Science Politique, Paris, 1962, mimeografiado.

[2] R. Girardet. Étude comparative des nationalismes contemporains. Serie nº 1. Généralités, *Rapport introductif,* Association Française de Science Politique, Paris, 1962, mimeografiado.

presente— como a un nacionalismo "difuso", en términos generales identificado con el patriotismo.

Los temas de las ideologías nacionalistas que con mayor frecuencia aparecen son la noción de soberanía, la voluntad de reforzar la unidad y la cohesión de la comunidad nacional —por la exclusión de grupos vistos como obstáculos que se erigen ante dicha unidad— las referencias al pasado nacional y la importancia concedida a sus símbolos.

Hertz, y antes de él muchos otros autores, ya había planteado el problema de los grupos sociales como vehículos del nacionalismo o de una ideología nacional, manifestaciones de un pensamiento que tendía "a establecer o reforzar la influencia sobre la política de aquellas clases que son el asiento principal de la ideología nacional", añadiendo que "estas metas frecuentemente no pueden ser alcanzadas predicando la misma ideología a todas las clases".[3]

Surge pues una contradicción entre la intención globalizadora y totalizadora del nacionalismo, de su exclusivismo y de su deseo de colocarse por encima de las diferencias propias e inevitables de cualquier colectividad, y la necesidad de encontrar distintos modos de "predicarlo" a los grupos componentes de la colectividad. Un lenguaje, y lo que es más importante, un juego de símbolos y mitos diferentes, conducirán de manera inevitable hacia una discriminación de los contenidos de los símbolos y mitos, e incluso de su aceptación. Para el nacionalismo éstos tienen una serie de ventajas que se pueden apreciar en el análisis de Edelman.

Para este escritor existen dos tipos de símbolos, los referentes y los de condensación.[4] El contenido objetivo y preciso de los primeros impide su empleo en la difusión de una ideología; la capacidad evocadora y sintética de los segundos los convierte en los vehículos ideales para la transmisión y difusión de una ideología, dotada en gran medida de los mismos atributos: evocación y síntesis. Las ventajas adicionales de los símbolos de condensación radican en la falta de control del medio social o político sobre ellos, que los lleva a no depender de nada en sus consecuencias objetivas debido a que se originan en las necesidades psicológicas de quienes los perciben. El valor de un símbolo de condensación sólo es conocido por las necesidades que evoca amenazas, seguridad, etc. Finalmente los símbolos acuden al conformismo, a la armonía social y actúan en contra de las tensiones sociales.

3 Hertz, Frederick, *Nationality in History and Politics,* Nueva York, Oxford University Press, 1944, p. 47.

4 Edelman, Murray, *The Symbolic Uses of Politics,* Urbana, University of Illinois Press, 1964.

El poder evocador y sintético de los símbolos necesitan completarse con los ritos y los mitos. Los primeros, al dividir a los participantes en iniciadores e iniciandos,[5] establecen una desigualdad de status que, simplificando, podrían ser considerados manipuladores y manipulados, recurriendo los primeros, dentro del marco ritual, a la abolición de las diferencias presentes entre los iniciandos. Si los ritos se caracterizan por estar siempre presente en ellos una actividad motora —manifestaciones, ceremonias, desfiles, cantos, etc.—, el mito transmite las creencias sociales sin que pasen por los tamices críticos.[6] Esta operación no es necesaria porque en ellos se expresan los deseos, el *wishful thinking*, de la gente.

Todo nacionalismo responde pues a las necesidades psicológicas de una colectividad, a sus miedos, angustias, esperanzas o deseos, y se manifiesta a través de sus símbolos, mitos y ritos.

El nacionalismo mexicano

Si aplicamos este modelo al nacionalismo mexicano se encuentra en primer lugar un Estado-nación constituido jurídicamente desde 1821, donde va a surgir un nacionalismo con asientos sociales variables en sus ciento cincuenta años de vida independiente y de contenidos ideológicos permanentes en sus temas esenciales (defensa de la soberanía del Estado, pasado común, defensa del territorio, etc.). Pero, en segundo lugar, este nacionalismo primero y más aparente, ha sido vinculado a diferentes ideologías políticas, donde se expresaban las preferencias por determinados tipos de organización social, cultural, económicas, sistemas de alianzas o contralianzas internacionales, etc. Conservadores y liberales, revolucionarios o contrarrevolucionarios, gobiernistas o antigobiernistas han conferido, junto con la coyuntura en que se produjeron —el marco de posibilidades—, contenidos diversos al nacionalismo mexicano, y supieron aparejarse los símbolos, mitos y ritos necesarios para transmitir estas ideologías capaces en cualquier momento de afirmar su vocación nacional y a la vez negársela a las demás.[7]

Las rupturas ideológicas empiezan a producirse desde la elección de los héroes simbólicos. Quien hoy se incline por Cortés, Iturbide o Porfirio Díaz revelará su temperamento conservador; quien lo haga por

5 Turner, Victor, "Myth and Sumbol", *International Encyclopedia of the Social Science*, Vol. 10, p. 576.

6 Edelman, M., *op. cit*, p. 18.

7 Para el período que corre de Calles a Ávila Camacho véase mi trabajo "El nacionalismo mexicano: Los programas revolucionarios (1929-1964)". *Foro Internacional*, Vol. VIII, nº 4, pp. 349 *s*.

Cuauhtémoc, Juárez o Zapata manifestará a su través un temperamento liberal. Juarismo y apoyo a los gobiernos revolucionarios en nuestros días pasan a identificarse: atacar al símbolo pone de manifiesto un intento de atacar una situación que sólo puede enfrentarse de manera simbólica. Una de las maneras más usuales de iniciar el ataque es restar al símbolo su contenido ideológico, desimbolizarlo. Las innumerables polémicas en torno a Juárez, Iturbide, Maximiliano, Guerrero no son sino manifestaciones de rupturas políticas manifestadas en un campo donde se combate con símbolos interpuestos. La primera victoria en esos enfrentamientos se logra al restarle al símbolo su "condensación" y situarlo en un plano puramente analítico.

Los símbolos nacionalistas pululan en el pasado y el presente mexicanos: desde la Virgen de Guadalupe y la de los Remedios, hasta Díaz y Madero —en sus visiones contemporáneas—, pasando por toda la simbología del siglo XIX, cada familia política ha construido su panteón, y ha negado violentamente la validez del opuesto. El sincretismo político-simbólico aún está lejos.

Por la falta de definición de sus contenidos y por estar plasmado en un héroe inmutable o en un objeto, el símbolo tiene una vida mucho más resistente que el mito nacional. Su adaptación al transcurrir histórico no necesita ser resultado de una situación concreta como el mito.

Si el nacionalismo mexicano se ve reforzado entre el inicio de la Revolución de 1910 y los acuerdos Morrow-Calles por las constantes amenazas de intervención extranjera, la solución de los conflictos con los Estados Unidos y la aceptación por parte de los regímenes posrevolucionarios de una ideología desarrollista ligada al poderío económico de los Estados Unidos, sobre todo a partir de la segunda guerra mundial, borra la última amenaza de intervención extranjera.[8] El vacío dejado por la desaparición de un enemigo exterior será ocupado por una ideología, el comunismo, que se encarnará, como se verá más adelante, primero en la Unión Soviética, la mayor y por lo mismo la más visible potencia socialista del mundo, y en segundo lugar por Cuba, el único país latinoamericano que gravita en la órbita socialista. El enemigo exterior, indispensable para la unión nacional y la creación de un estado de tensión permanente frente a un elemento externo, sigue existiendo, aunque ya no tiene la fuerza ni la virulencia ni la inminencia que una intervención exterior tuvo entre los años 10 y 28.

El nacionalismo antiimperialista, enfocado hacia los Estados Unidos, además de no tener la difusión del anticomunismo y sobre todo del

8 Véase Lorenzo Meyer, "Cambio político y dependencia: México en el siglo XX". *La política exterior de México: realidad y perspectivas*, México, El Colegio de México, 1972, pp. 1-38.

antisovietismo, va teñido de intelectualismo —su más clara expresión ideológica brota con las teorías de la dependencia— y no corre más allá de los recintos universitarios y alguna que otra publicación de lectura más o menos restringida. Su marcado tono elitista y analítico le resta el valor mítico donde reside de manera precisa la fuerza del nacionalismo popular.

Pero si el Estado mexicano es la principal fuente de los símbolos y mitos nacionalistas o sencillamente nacionales, además de su transmisor más poderoso y el gran vigilante de su aceptación, su compromiso con una ideología política manifestada por la organización social, económica y cultural de la nación, le va a imposibilitar difundir uniforme de la ideología nacional. Si la escuela y el libro de texto gratuito, así como la aceptación de los símbolos y mitos nacionales por parte de los medios de comunicación de masas, son vehículos casi perfectos para la consolidación del nacionalismo, ni todas las escuelas son administradas por el Estado, ni su vigilancia logra la aceptación incondicional de sus libros, y en los medios de comunicación hay voces disidentes cuando no abiertamente opuestas. Y éstos son sólo dos ejemplos de las barreras que puede encontrar ante sí la ideología generada por el Estado. Como ya se ha señalado, no todas las ideologías pueden ser predicadas de igual manera a todas las clases sociales y en México las diferencias entre las clases son abismales. Dentro de las clases existen grupos de ocupación o familias ideológicas de intereses encontrados y de tradiciones antitéticas. De la misma manera los Estados de la República mantienen vivas sus tradiciones locales, tan vigorosas como enraizadas, a pesar del poder unificador del centro. Las distancias que median en el desarrollo económico, social y cultural de las entidades federativas existen ideologías nacionales y políticas diferentes.

Héroes y nacionalismo

El héroe es tanto un símbolo de la identificación con la nacionalidad como la expresión de una ideología política. Es el mantenedor o creador de la nacionalidad, encarna las virtudes cívicas, representa a la nación en lucha contra la adversidad. Sus virtudes son usadas como guía de los gobiernos del momento y, por ello, se le convierte en símbolo. Es un dios tutelar, un santo intercesor y un héroe en el sentido clásico.

Desde la estatua pública hasta los carteles que ornan las calles en las ocasiones ceremoniales y rituales, pasando por las ilustraciones de los textos escolares, los niños se familiarizan con él: reconocerse en él es reconocerse en su pasado, en su país y en su gobierno. Las autoridades públicas suelen colocarse bajo la protección de un héroe particular; elevándole a la cúspide del panteón nacional se manifiesta de paso un programa político: un Presidente de la República favorable al laicismo se apoyará en Juárez más que en Morelos, de quien echará mano quien pretenda evitar los últimos coletazos de la querella religiosa. En el panteón revolucionario han entrado desde el conservador Venustiano Carranza hasta el permanente insumiso Emiliano Zapata, y en el monumento de la Revolución colgaban hermanados los retratos de Calles y Cárdenas.

Todos los héroes son iguales en las paredes del recinto de la Cámara de Diputados, pero cada gobierno elige un *primus inter pares*. Juárez, de todos modos, parece afirmarse. Liberal, nacionalista, asociado a las leyes de Reforma, moderno y modernizador en su momento, mantenedor de la soberanía, indígena de extracción, defensor de la primacía del Ejecutivo, es el hombre donde mejor puede reconocerse el personal político revolucionario. Además, ha sido decantado durante un siglo, cosa que aún les falta a los caudillos revolucionarios, cuyas vidas públicas y privadas están aún bajo escrutinio y no plenamente canonizadas: Carranza, Obregón, Calles y Cárdenas son todavía examinados por los abogados del diablo. Los procesos de los hombres anteriores a Juárez ya están cerrados: de un lado caen los justos y del otro los pecadores, sin apelación posible ante la historia. Al menos ante la historia interpretada desde el ángulo revolucionario. Cortés, Maximiliano y Díaz están condenados sin remedio, y el fallo es confirmado por los niños mexicanos.

Pero no todos los niños condenan o exaltan con la misma seguridad; los símbolos son ampliamente compartidos pero con diferencias de grado.

Juárez parece ser la línea divisoria, el símbolo frente al que se discriminan las familias políticas de México, como la muerte de Luis XVI divide a los franceses en izquierda y derecha. Si no es un héroe único sí es un héroe dominante. Todos los demás van tras él.

La conquista de México no es un tema de elección de los niños: el héroe derrotado no es un símbolo llamativo y fácil de identificarse con él y un antihéroe triunfador no aumenta, a pesar de la retórica textual, frente a un niño, al héroe caído. La Insurgencia como movimiento tendrá para los escolares un atractivo mayor que los insurgentes, aunque es entre ellos donde se encuentra el único hombre, José María Morelos, capaz de ser un símbolo heroico entre quienes asisten a las escuelas religiosas. Iturbide, en estas mismas escuelas debe ser visto más como el consumador de la Independencia que como Agustín I, lo que le vale una mayor simpatía (5.5%) que la que le prodigan las escuelas oficiales (1.1%), donde simboliza al conservadurismo. Su figura como héroe está perdida hasta tal punto que sólo Maximiliano lo supera (en ningún caso llega a ser un símbolo nacional positivo para más del 1%).

Juárez es el símbolo máximo para el 7.1 por ciento de las escuelas públicas y el 65.2 de las privadas, pero no llega a serlo para la mitad de los niños que acuden a los establecimientos religiosos (49.5): el problema de la Reforma parece jugar en su contra un siglo después de su muer-

Cuadro 1

¿CUÁL DE ESTOS PERSONAJES TE PARECE QUE HAYA SERVIDO MEJOR A MÉXICO?

Ocupación	*Personaje*	*Porcentajes*				
Prof. lib.						
	Juárez	59.1	66.1	70.8	62.9	62.9
	Morelos	11.4	8.9	8.3	12.9	6.5
Empresarios						
	Juárez	70.0	76.2	50.0	67.7	56.0
	Morelos	10.0	14.3	5.0	9.7	8.0
Empleados						
	Juárez	53.9	58.3	66.9	75.6	72.9
	Morelos	9.7	13.5	9.2	8.4	7.0
Funcionarios						
	Juárez	50.0	63.8	79.7	62.5	80.0
	Morelos	8.7	6.4	10.2	17.5	5.0
Obreros						
	Juárez	53.7	65.7	76.7	69.4	79.6
	Morelos	8.2	10.2	5.6	7.1	5.1
Campesinos						
	Juárez	54.4	58.9	70.9	67.3	75.2
	Morelos	7.0	6.4	6.3	9.9	6.4

te, y los ritos oficiales no han logrado despejar esta nube. Díaz y Madero no llaman a la atención de los niños más que Cortés y Cuauhtémoc, aunque conviene señalar la primacía concedida a Madero sobre Díaz en las escuelas públicas y religiosas, pero no en las privadas laicas. La heroicidad concedida a Juárez dificulta ver a los hombres, ya menos heroicos, que tras él se sitúan.

No sucede lo mismo con los antihéroes, donde tres de ellos se disputan agriamente el primer lugar. Cortés, Maximiliano y Díaz, los tres villanos de la historia de México, apenas dejan un lugar a Iturbide en el pórtico del templo de los héroes caídos y condenados. Un solo hecho llama la atención: Cortés, aborrecido por los niños de 5º y 6º de primaria, tiende a desaparecer en beneficio (?) de Maximiliano y Díaz, hombres más cercanos en el tiempo, el primero enemigo de Juárez y el segundo de la Revolución.

Cuadro 2

¿CUÁL DE TODOS LOS ANTERIORES TE PARECE QUE HAYA SERVIDO PEOR A MÉXICO?

Ocupación	*Personaje*	*5ºP*	*6ºP*	*1ºS*	*2ºS*	*3ºS*
Prof. lib.						
	Maximiliano	36.4	21.4	23.6	24.2	43.5
	Cortés	27.3	33.9	18.1	24.2	17.7
	P. Díaz	15.9	17.9	26.4	21.0	14.5
Empresarios						
	Maximiliano	15.0	14.3	25.0	32.3	20.0
	Cortés	30.0	28.6	25.0	6.5	20.0
	P. Díaz	25.0	28.6	20.0	25.8	32.0
Empleados						
	Maximiliano	18.8	21.2	21.1	32.1	31.8
	Cortés	25.3	25.6	21.1	30.5	28.7
	P. Díaz	14.9	20.5	22.5	23.7	20.9
Funcionarios						
	Maximiliano	15.2	21.3	32.2	32.5	35.0
	Cortés	30.4	34.0	27.1	25.0	27.5
	P. Díaz	13.0	17.0	22.0	12.5	22.5
Obreros						
	Maximiliano	12.7	19.4	17.8	30.6	28.6
	Cortés	29.9	36.1	34.4	24.5	20.4
	P. Díaz	20.9	24.1	22.2	28.6	29.6
Campesinos						
	Maximiliano	10.5	21.3	20.5	22.8	35.8
	Cortés	31.6	27.0	20.5	22.8	24.8
	P. Díaz	14.9	19.9	26.0	33.7	21.1

Cortés es el antihéroe dominante en los grupos de status medio y bajo; Maximiliano y Díaz en los de estatus alto, sorprendiendo la marcada antipatía de los hijos de los empresarios —tan conservadores en otros aspectos— por el caudillo de Tuxtepec. Los orígenes revolucionarios de la clase empresarial mexicana puede explicar esta negación del valor simbólico de Díaz identificado en la imaginación popular con los poderosos. Al negar a Díaz se exalta a la Revolución que se hizo en su contra. De hecho, es una afirmación *a contrario*, la que hacen los retoños de la empresa mexicana.

Las mayores diferencias entre héroes y antihéroes se dan al comparar su aceptación o rechazo en diferentes estados de la República. La vinculación entre el hombre símbolo y la tierra donde nació es decisiva. En este sentido Oaxaca presenta caracteres especiales, pues de ella salieron Juárez y Díaz, mientras que las otras cinco entidades federativas no tienen, en la lista ofrecida, nadie con quien identificarse por el simple hecho de haber nacido allá. Los niños oaxaqueños consideran en un 73.6 por ciento a Juárez como el mejor servidor de México de todos los tiempos, cifra que casi no excede a la de Nuevo León o el Distrito Federal —entidades donde los niños tienen una información política muy superior a los de los otros estados—, pero sí rebasa ampliamente a los del Estado de México (57.8) y sobre todo de Jalisco (45.7), donde Morelos se levanta hasta un 17.4 por ciento. Es en este último estado donde los antihéroes clásicos, con la excepción de Maximiliano, lo son menos —menos antihéroes y más héroes— y donde mayores simpatías se expresan por Madero. Parece como si más que una simpatía cualquiera por los héroes menores del niño o por los antihéroes hubiera la voluntad expresa por parte de los escolares de Jalisco de rechazar un símbolo y sus contenidos.

Entre los antihéroes ninguno gozará de mayores antipatías que Hernán Cortés en el Estado de México y Oaxaca, donde se mantienen vivas culturas prehispánicas; en torno a Maximiliano se cristalizan las antipatías de las escuelas de Nuevo León y las de Jalisco caen sobre Porfirio Díaz (23.7 y 28.9 respectivamente). Los oaxaqueños deben pensar más en las virtudes oaxaqueñas que en los defectos dictatoriales de este último (sólo el 14.7 le consideran el peor servidor de México).

El símbolo heroico rara vez cae y por ello los héroes nunca se convierten en antihéroes y viceversa. El panteón simbólico nacional está claramente instituido en torno a una figura dominante, Benito Juárez, a la que pocos dejan de reconocer y sólo algunos se atreven a negar (7.3% de los niños de Jalisco). El llamado a la historia rinde sus frutos y con ello acude tanto a consolidar la nacionalidad como a legitimar a los gobiernos que la expresan.

La reconciliación con el pasado parece estar hecha a través de la simplificación y por ello se acepta plenamente la ideología nacional creada en gran parte por los gobiernos revolucionarios —la aceptación o rechazo de la ideología política aparejada es otro problema. Esta reconciliación resulta aún más evidente cuando se comparan los niños que no saben señalar a un héroe –símbolo positivo– con los que no saben o quieren elegir a un antihéroe, o sea que, a todos, de alguna manera se les confieren virtudes o al menos el beneficio de la duda.

La Revolución Mexicana

Un hecho histórico mitificado debe ser unitivo, más aún si se trata de un mito nacional y no de uno partidista. Los hechos decisivos del acontecer nacional mexicano –Independencia, Reforma y Revolución– son las vértebras del sistema de creencias histórico-políticas contemporáneo y, por lo tanto, quienes legitiman la distribución actual del poder. De esta trilogía, quizás por causa de la contigüidad temporal y por una mayor y más directa vinculación con lo específicamente político, la Revolución mexicana resulta ser más problemática y divisiva que la Independencia, hecho no puesto en duda por nadie, y que la Reforma la cual, como ya se ha visto a través de Juárez y su imagen contemporánea, han dejado de ser un terreno o un símbolo conflictivos.

Hoy, lo que durante décadas fue violentísimamente rechazado por el extranjero y por una fracción importante del país,[9] no sólo se ha convertido en una parte sustancial de la historia de México, sino en un modelo de evolución política propuesto por sus antiguos detractores[10] a quienes manifiestan veleidades revolucionarias de contenido no estrictamente nacionalista. Durante sesenta y cinco años la Revolución mexicana se ha ido abriendo camino no sólo dentro de la nación sino también fuera de ella e identificándose con cuanto fenómeno positivo se ha dado en el territorio mexicano entre 1910 y nuestros días. La Constitución, el rescate de los recursos naturales, la liberación del obrero, la reforma agraria, la alfabetización de las masas, la construcción de las carreteras y de las presas, la organización obrera y la industrialización del país, son resultado de la Revolución hecha gobierno: el

[9] No existe una obra capaz de resumir las actitudes de los distintos grupos sociales de México frente a la Revolución. Una visión amarga y desencantada de la *ideología oficial* puede leerse en Carlos Monsiváis, *La cultura mexicana en el siglo XX*. Trabajo presentado en el Congreso Internacional de Estudios sobre México, Santa Mónica, California, octubre, 1973 (mimeografiado).

Quizás esta idea de la Revolución no tenía validez en 1930, pero hoy representa la manera de pensar de una parte importante de la intelligentsia mexicana.

[10] La Revolución Mexicana y la Revolución Boliviana, antes del total fracaso de la última, se convirtieron en los "modelos", descubiertos por los profesores norteamericanos, capaces de substituir a los llamados regímenes de facto. El triunfo de la Revolución Cubana reforzó aún más esta moda intelectual. Sin tener ninguna simpatía por los nacionalismos latinoamericanos, éstos resultaban de todos modos mucho más aceptables que los modelos socialistas.

orgullo nacional del mexicano no puede ser atribuido de manera exclusiva a la Revolución Mexicana, pero "hay cierta evidencia de que el impacto continuo de la Revolución como un proceso en marcha explica en parte el tipo de vinculación al sistema político que los entrevistados mexicanos manifiestan",[11] y eso a pesar de la escasa información que sobre las metas revolucionarias poseían los interrogados.

Además de la omnipresencia del mito revolucionario, su aceptación casi universal no deja de sorprender. El 83 por ciento de los entrevistados por Kahl [12] manifestaban haber ganado algo con la Revolución y de quienes podían señalar una meta revolucionaria en el cuestionario de Almond y Verba el 25 por ciento pensaba que las metas habían sido alcanzadas, el 61 declaraba que la gente aún estaba trabajando para lograrlas y sólo el 14 pensaba que habían sido olvidadas.[13] Y, cosa curiosa, quienes decían que aún se estaba trabajando para lograrlas, eran los que manifestaban un mayor orgullo en el sistema político.

Otro punto interesante, claramente conectado con el anterior, es la idea de la Revolución como fenómeno histórico abierto hacia el futuro, de infinita vigencia, perfectible e insustituible. No sólo los "revolucionarios", incluso quienes no habían nacido en 1910, es decir, el personal político *in toto* sino el hombre común y corriente, acepta el carácter benéfico en todo y para todos de la Revolución Mexicana. El mito está aún vivo, actúa y lo que se han considerado ataques en su contra —a veces simples análisis— ha sido obra de las élites intelectuales de la nación que, por lo demás, han limitado sus críticas o análisis a los aspectos parciales de la Revolución y casi nunca a la razón de ser de 1910.[14] Las críticas han sido de grado o de matiz y nunca o casi nunca ataques globales o radicales; no se le ha negado en gene-

[11] G. Almond y Sidney Verba, *The Civic Culture,* p. 104.

[12] Kahl, Joseph, *The Measurement of Modernization: A Study of Values in Brazil and Mexico.* Austin, University of Texas Press, 1968.

[13] G. Almond y S. Verba, *op. cit., loc. cit.*

[14] El trabajo de Carlos Monsiváis, es una crítica total a la ideología oficial y su tema es el no haber alcanzado la Revolución las metas que se propuso. En esto Monsiváis coincide con gran parte de los críticos marxistas o incluso con los no marxistas, como L. Meyer, que por primera vez ponen en duda desde un punto de vista no conservador el fracaso de la Revolución. En los años cuarenta la división era todavía tajante entre quienes criticaban a la Revolución Mexicana "desde dentro", es decir, sin poner en duda su bondad en conjunto y quienes la criticaban desde fuera, los nostálgicos del Porfirismo, quienes por razones simplemente temporales ya han desaparecido. Daniel Cosío Villegas, Jesús Silva Herzog y, algo después, Octavio Paz provocaron auténticos escándalos con sus exámenes críticos de México.

ral su carácter popular, generoso, prometeico, la censura ha estribado y estriba en haberse desviado de sus metas iniciales. Pero aún estos escarceos críticos levantan el temor del personal político mexicano al advertir que la piedra angular de la legitimidad política del sistema mexicano es todavía de Revolución y que, por ahora, no se ha encontrado un hecho con la capacidad mitificadora, con la cauda de acciones heroicas, de héroes y semihéroes, con los valores ejemplares del movimiento del 10.

En 1946, en el ensayo ya citado, don Daniel Cosío Villegas escribía: "hoy la juventud es reaccionaria y enemiga de la Revolución..."[15] Resulta imposible comprobar treinta años después la validez de aquella afirmación aunque los resultados de la encuesta aquí estudiada darían un resultado diametralmente opuesto. ¿Ganó su apuesta el general Calles, que quería apoderarse del alma de los niños para la Revolución? La contestación sería, sin lugar a dudas, sí. La mitificación de la Revolución Mexicana es un hecho omnipresente e indiscutido.

Para los escolares mexicanos la Revolución es, en primer lugar, un movimiento que ha venido a ayudar a quienes más habían padecido durante el régimen anterior: obreros y campesinos fueron los más favorecidos de todos. En la percepción infantil aparece como una revolución social destinada a mejorar la vida de los grupos populares, y son los niños procedentes de estos grupos quienes mejor aceptan la idea, especialmente los hijos de los obreros (80 por ciento), mientras que el espíritu crítico de los hijos de profesionistas muestra una vez más su renuencia a aceptar los grandes mitos nacionales (72 por ciento). Aceptar que todos los mexicanos han sido beneficiados por la Revolución, cosa plenamente aceptada en la encuesta de J. Kahl, va a encontrar mayores resistencias entre todos los escolares, resultando la aceptación sorprendentemente baja entre los profesionistas ¡una vez más! con un 54 por ciento de aceptaciones y un 22 de negaciones, mientras que quienes vienen de las clases empresariales, como siempre frente al sistema y sus mitos, se muestran entusiastas (70 por ciento). En conjunto, conviene subrayarlo e insistir en ello, alrededor de las dos terceras partes de los entrevistados afirmaban que la Revolución había beneficiado a todos los mexicanos y sólo un 15 por ciento se mostraba contrario a tal afirmación.

Las posturas críticas originadas, quizás, a una mayor información y a una percepción más aguda y precisa de la realidad social no se basan en una actitud cínica: la Revolución no habrá ayudado a todos

15 Cosío Villegas, Daniel, La crisis de México, en *Ensayos y notas*. México, Editorial Hermes, S. A., Vol. I, p. 143.

los mexicanos, pero desde luego no fue un movimiento llevado a cabo para el provecho personal de los revolucionarios. Los revolucionarios son para todos los entrevistados figuras respetables; los héroes mexicanos, como se vio unas páginas antes, siguen siendo los símbolos de la nacionalidad. Por lo demás, las revoluciones, violentas al fin y al cabo, deben dañar a alguien y, en este caso, quienes pagaron las consecuencias de los cambios, la gente decente, se constituirán en una imagen vista más por quienes están socialmente más cerca de ella.

Cuadro 3

	Empresarios	*Profesiones liberales*	*Funcionarios*	*Empleados*	*Obreros*	*Campesinos*
La Revolución Mexicana favoreció sobre todo a obreros y campesinos						
Cierto	77.1	72.3	76.7	74.2	79.8	72.6
Falso	14.4	13.2	8.6	9.8	7.8	10.0
No sé	8.5	14.5	14.7	15.8	12.4	17.4
Todos los mexicanos han sido favorecidos por la Revolución						
Cierto	70.3	54.4	66.8	64.1	66.9	60.5
Falso	15.3	22.3	12.1	12.7	16.0	16.4
No sé	14.4	23.3	21.1	23.2	17.1	23.1
La Revolución Mexicana dañó a la gente bien						
Cierto	31.4	35.1	28.9	26.0	24.5	22.4
Falso	48.3	37.8	45.7	47.5	49.6	43.9
No sé	19.5	27.0	25.4	26.2	25.8	33.7
La Revolución Mexicana sirvió sólo a aquellos que la hicieron						
Cierto	10.2	10.8	12.1	13.6	13.3	15.9
Falso	80.5	75.7	70.7	69.4	70.0	63.7
No sé	9.3	13.5	17.2	17.0	16.7	19.9

Como todas las actitudes y creencias ampliamente compartidas, las diferencias introducidas por variables externas como edad, sexo, habitat y escuela, son más bien pequeñas, advirtiéndose menor ardor prorrevolucionario en las niñas —subrayado por la ausencia de opiniones— y en los medios rurales se da una situación análoga. La fuerza del proceso socializador, manifestado en ese caso por la caída del cinismo político, o sea, por la aceptación del mito revolucionario, depende, una vez más, de la escuela y de los estudios bien llevados.

La visión del país propio

Los niños mexicanos entran de lleno en los mitos nacionales. Cuando la opción que se les ofrece no admite las respuestas múltiples, casi no dudan para conferir a su nación los máximos valores. No dudan, por ejemplo, para considerar a su país como el más libre del mundo, o al menos, el más libre de todos los que se les ofrecieron para elegir uno. La ambigüedad de la palabra libertad no impide y, por el contrario, quizás ayuda, a que sea un mito enaltecedor de la nación donde se implanta. Con excepción de grupos muy reducidos y de publicaciones de escasa circulación, ni el hombre de la calle ni sus fuentes de información ponen en duda esta libertad: la propia existencia de la nación no se explica sino como una lucha permanente por conseguir la libertad de México y de los mexicanos. Si la libertad es un mito nacional, su defensa y exaltación forman parte de un sentimiento colectivo capaz de integrarse en una ideología nacionalista.

Algunos de los rasgos fundamentales del nacionalismo no se dan en México. Su aparición en los medios urbanos, alfabetizados, industriales y modernos; el hecho de que en los primeros países nacionalistas —los europeos— el nacionalismo haya sido difundido en esos medios como una ideología de substitución para los grupos desarraigados por la revolución industrial de sus medios tradicionales, casi siempre rurales, no se percibe de manera cabal en México.[16] Las escuelas urbanas y las rurales comparten en grado semejante esta aceptación del mito de la libertad de los mexicanos, lo que puede explicarse por la difusión de las ideologías generadas en el centro y las facilidades que los avances técnicos le permiten. El hecho de que se trate de niños asistentes a la escuela, vehículos de difusión de las ideologías nacionalistas, borra quizás las diferencias que en teoría deben existir entre medios urbanos y rurales en lo que hace al nacionalismo. Pero el lenguaje diferencial requerido por las diversas clases sociales se evidencia al advertirse en las escuelas públicas una mayor aceptación de la existencia de la libertad en México. Las reticencias más marcadas aparecen en las escuelas religiosas, aunque esto no impide que sus educandos crean, en números claramente mayoritarios, vivir en el país que goza de mayor libertad en el mundo.

Las variaciones regionales surgen como en el caso de Benito Juárez, aunque no se trata de los mismos estados ni de las mismas causas en

16 Kornhauser, William, *The Politics of Mass Society*, The Free Press of Glencoe, 1959, especialmente el cap. 3, Structure of Mass Society, pp. 74-102.

la no aceptación del mito. Entre los oaxaqueños un 89 por ciento elige a México frente a los demás países cuando de libertad se trata; en el Distrito Federal, el porcentaje baja a 66.4. Entre estas dos cifras media un conflicto estudiantil de secuelas tan graves como prolongadas. La aceptación está en razón inversa al desarrollo de la entidad federativa, además, lo que presupone niveles de información mucho más elevados.

Otro fenómeno aparece en el Distrito Federal. La única alternativa seria que para sus niños plantea la libertad nacional es la que se practica en los Estados Unidos. En ningún lugar de provincia se da más de un 10 por ciento de niños que vean en la Unión Americana más libertad que en México; en el Distrito Federal quienes así lo creen suben al 13.9 e Inglaterra se lleva el 7.5 de las elecciones, mientras que

Cuadro 4

El país donde hay más libertad

Ocupación	*País*	*5ºP*	*6ºP*	*1ºS*	*2ºS*	*3ºS*
Prof. lib.						
	México	81.8	73.2	65.3	66.1	54.8
	USA	9.1	10.7	12.5	14.5	12.9
	Inglaterra	4.5	1.8	12.5	12.9	16.1
Empresarios						
	México	90.0	71.4	75.0	83.9	60.0
	USA	5.0	0.0	10.0	0.0	16.0
	Inglaterra	0.0	4.8	0.0	3.2	12.0
Empleados						
	México	87.7	84.6	81.7	79.4	73.6
	USA	3.2	6.4	7.0	9.9	9.3
	Inglaterra	0.6	0.6	2.1	5.3	4.7
Funcionarios						
	México	89.1	78.7	83.1	95.0	85.0
	USA	4.3	2.1	6.8	2.5	5.0
	Inglaterra	4.3	0.0	0.0	2.5	7.5
Obreros						
	México	84.3	75.0	90.0	85.7	71.4
	USA	9.0	12.0	1.1	7.1	7.1
	Inglaterra	0.7	2.8	2.2	3.1	2.0
Campesinos						
	México	78.9	88.7	93.7	80.2	79.8
	USA	8.8	4.3	3.1	6.9	11.0
	Inglaterra	0.9	2.1	0.0	2.0	0.9

en Oaxaca sólo lo hacen en un uno por ciento en lo que se refiere a este último país.

El mito de la libertad se advierte en México en principio, y se le mantiene a menos de que algún acontecimiento importante transfiera el mito a otro país. No puede interpretarse de manera segura como una caída del nacionalismo sino de la ideología política aparejada al nacionalismo, la cual no puede ser rechazada más que a través de la negación de un mito nacionalista. La naturaleza totalitaria del nacionalismo y su afán de englobar a toda la nación, no admiten por ello una discriminación en sus contenidos y la sustracción de la ideología política acarrea, por fuerza, una duda sobre el tipo de nacionalismo dominante.

El segundo mito nacionalista de gran vigor y difusión es la unión nacional, tema recurrente de los gobiernos revolucionarios desde la presidencia del general Ávila Camacho y de un contenido político más fácilmente discernible que el mito de la libertad.[17] A la evocación histórica que la libertad produce, se oponen las estructuras económicas, sociales, culturales y políticas que la unidad quiere cubrir a pesar de las rupturas dadas en cualquier sociedad. Si la historia une, propone un pasado común, olvida o niega las luchas fratricidas en un todo depurado y amalgamado por el tiempo, la vida política no es comprensible sin el conflicto, la lucha y la competencia de intereses. La actividad política partidista y el nacionalismo se niegan mutuamente, a menos de que una fracción política —aunque sea abrumadoramente mayoritaria— se proclame única expresión posible de una ideología nacional, relegando en su ideología política las diferencias entre los ciudadanos a un rincón lo más alejado posible y minimizando las diferencias económicas que entre ellos se abren.

Una vez más, los niños mexicanos aceptan el mito unitario. Los mexicanos, a pesar de que unos son ricos y otros pobres, están unidos. Son los grupos antes vistos quienes se van a agrupar en torno a la idea de unidad o quienes van a mostrar cierto escepticismo, aunque de nueva cuenta no va a surgir en ningún momento un grupo mayoritario capaz de negar de plano la unidad nacional.

Son las mismas categorías ya vistas las que van a discriminar el mito de la unión nacional, afirmando abrumadoramente esta idea en algunos casos y mostrándose más reacios en otros, aunque tampoco se va a

17 Aunque el tema de la unión nacional ha correspondido más bien a los movimientos políticos y a los gobiernos conservadores, en México los gobiernos revolucionarios lo han utilizado ampliamente. Esto no ha sido obstáculo para que la derecha política, en este caso el Partido de Acción Nacional, haya recurrido también a él. Véase Antonio Delhumeau, *México: realidad política de sus partidos*, México, IMEP, 1970.

encontrar ninguna categoría (escuelas, estados, grupos de ocupación de los padres) capaces de negarlo mayoritariamente. Pero debe señalarse un grupo que ya fuera por ser testigo presencial de un conflicto, ya por estar informado de él a través de sus amigos, padres o maestros, a través de la prensa o de la televisión, no cree en la unidad nacional. El 23.6 de los hijos de los profesionistas liberales —concentrados en el Distrito Federal o en Nuevo León— niegan la unidad de los mexicanos. Esta afirmación no encuentra seguramente sólo apoyo en el conflicto

Cuadro 5

PAÍSES CON GOBIERNOS DEMOCRÁTICOS

Ocupación	*País*	*5°P*	*6°P*	*1°S*	*2°S*	*3°S*
Prof. lib.						
	México	59.1	71.4	79.2	58.1	59.7
	USA	38.6	44.6	50.0	46.8	51.6
	Guatemala	22.7	16.1	30.6	29.0	29.0
	Francia	22.7	16.1	34.7	30.6	41.9
Empresarios						
	México	60.0	61.9	70.0	61.3	60.0
	USA	20.0	38.1	50.0	38.7	56.0
	Guatemala	25.0	23.8	35.0	29.0	44.0
	Francia	35.0	14.3	30.0	41.9	40.0
Empleados						
	México	60.4	59.0	63.4	55.7	62.0
	USA	36.4	41.0	34.5	48.9	47.3
	Guatemala	20.8	20.5	23.2	29.8	31.8
	Francia	18.8	18.6	19.0	23.7	31.8
Funcionarios						
	México	69.6	59.6	74.6	67.5	72.5
	USA	30.4	48.9	45.8	55.0	42.5
	Guatemala	15.2	27.7	16.9	25.0	25.0
	Francia	19.6	10.6	30.5	32.5	30.0
Obreros						
	México	68.7	64.8	74.4	69.4	71.4
	USA	37.3	51.9	56.7	42.9	43.9
	Guatemala	22.4	21.3	28.9	32.7	28.6
	Francia	25.4	16.7	28.9	21.4	20.4
Campesinos						
	México	67.5	63.8	70.1	69.3	64.2
	USA	42.1	53.9	40.2	40.6	33.0
	Guatemala	18.4	18.4	19.7	27.7	22.9
	Francia	24.6	12.1	25.2	19.8	23.9

estudiantil de 1968: la más compleja y más abundante información característica de los hijos de profesionistas les permite una más clara percepción de la importancia de las diferencias económicas imperantes en el país, lo que a su vez permite llevar la unidad nacional al terreno de la duda, como lo prueba la subida de las contestaciones negativas con el paso de los años escolares.

La democracia presenta las mismas dificultades que la libertad: pocos están de acuerdo sobre el contenido. Pero después de la segunda guerra mundial se ha convertido en un valor casi absoluto y, para evitar el negarla, se la adjetiva. Puede ser orgánica, popular, revolucionaria, nacional o socialista y con ello se manifiesta el sistema político donde se ejerce. El régimen más totalitario que se pueda encontrar hallará la manera de proclamarse demócrata. De la variedad de contenidos, con frecuencia mutuamente excluyentes, se deriva su valor mítico. A esto debe añadirse la dificultad que el niño encuentra para captar y entender las implicaciones que la democracia, adjetivada o no, puede tener en su país. La democracia se le presenta como un valor en sí y por lo tanto la atribuye a los países por los que siente simpatía y la niega a los países por los que siente hostilidad.

México resulta ante sus niños un país naturalmente democrático, mucho más que los países europeos como Inglaterra o Francia, más que el Canadá y más que los Estados Unidos, el único que, de lejos, se le acerca. Y más también que Guatemala, colocada justo detrás de los Estados Unidos en lo que a virtud democrática se refiere. Los países democráticos, después se verá, son para los niños, los amigos del suyo.

El mito democrático, en los grupos más favorecidos, va teniendo cada vez más fuerza hasta primero de secundaria, donde empieza a caer, a erosionarse en cuanto a mito. En los demás grupos, tiene una vida segura: hijos de funcionarios —quizás por razón de la ocupación del padre—, de obreros y de campesinos, están convencidos de manera firme de la democracia en que viven. Pero la información se presenta, y la democracia, de ser un mito, se transforma en un elemento analítico: el caso de Inglaterra lo demuestra. Con ser esta nación una de las pocas alternativas que, en lo que hace a la libertad, el niño mexicano elige contra su país, no alcanza los niveles de Francia o el Canadá en la percepción del mito democrático. En Inglaterra hay libertad pero en Francia y el Canadá hay democracia, debido quizás a la identificación entre el régimen republicano y la democracia, como sucede en el caso de México, y que puede acarrear la exclusión de los regímenes monárquicos. Esto no parece aplicarse al caso de los países socialistas, a quienes se niega absolutamente todo a medida que los niños van creciendo.

Cuadro 6

A PESAR DE QUE UNOS SON RICOS Y OTROS POBRES, LOS MEXICANOS ESTÁN UNIDOS ENTRE SÍ

	Escuela	*5ºP*	*6ºP*	*1ºS*	*2ºS*	*3ºS*
Cierto						
	Públ.	78.4	81.4	82.0	81.1	72.0
	Priv.	83.6	79.4	75.0	68.1	63.1
Falso						
	Públ.	8.7	11.1	12.0	14.1	21.8
	Priv.	9.1	13.9	15.3	20.4	30.1
No sé						
	Públ.	12.9	6.9	6.0	4.8	6.1
	Priv.	7.0	6.7	9.7	11.5	6.8

Pero se verá cada vez más democracia en Guatemala, país amigo, más que en Inglaterra, Canadá o Francia.

La unidad nacional no podría darse en un país donde la discriminación racial estuviera presente y, por lo tanto, para 3º de secundaria es relegada casi exclusivamente a los Estados Unidos, considerando los niños a México libre de tal lacra. Pero su valor se manifiesta de nueva cuenta cuando se ve cómo consideran a la Unión Soviética y a Cuba países con discriminación racial y a Guatemala no, en una nueva manifestación de antipatía por los regímenes socialistas. La seguridad con la que el conjunto de los escolares entrevistados niegan que en México alguien vaya a padecer por causa de sus orígenes étnicos no es plenamente compartida por los hijos de los obreros y de los campesinos, los dos grupos más propensos a afirmar la existencia de discriminación racial en su país. No debe perderse de vista la posibilidad de que estos grupos identifiquen su situación social con una forma de discriminación. La escuela es el agente más seguro contra este sentimiento, y conviene destacar la mayor insistencia en la negativa añadida por las escuelas privadas, por un lado las mejor informadas y por otro las que abrigan una población más protegida, por su situación social, contra los efectos de una posible discriminación. Son los grupos de alto prestigio y los más favorecidos por el sistema político y social quienes más se oponen a la idea de que en México exista discriminación racial. Es evidente que para ellos es necesario mantener la idea de que quienes se encuentran abajo son iguales a quienes están arriba.

En resumen, los niños mexicanos comparten un nacionalismo profundamente enraizado: sienten vivir en un país libre, unido y democrático. Estas creencias, a través de las cuales se expresa el nacionalismo, tienen una forma simbólica o mítica y, por esta razón, con el paso de los años y sobre todo de la escolaridad, van erosionándose. Su fuerza está en función también del grupo donde se implantan, y esto depende del lenguaje utilizado, o sea de la coincidencia entre los símbolos y mitos nacionalistas y los intereses del grupo.

La visión del mundo exterior

Una de las razones que más contribuyen a la exaltación nacionalista es el sentimiento de ser una comunidad amenazada, tanto si la amenaza ficticia es creada por la nación misma para reforzar la unidad interna. En cualquiera de los dos casos los nexos internos se reafirman, se ignoran o minimizan las diferencias y los egoísmos particulares se ven obligados a ceder —en algunos casos— ante el egoísmo sagrado de la patria.

Las actitudes nacionalistas de los niños mexicanos no suelen responder a una situación de este tipo. Antes bien piensan que los países limítrofes son los mejores amigos del suyo y los enemigos, cuando los hay, están lejos.

Los Estados Unidos y Guatemala, especialmente los primeros, son los amigos excepcionales: sólo México, el propio país, es adornado con

Cuadro 7

PAÍSES AMIGOS DE MÉXICO

	Escuela	*5ºP*	*6ºP*	*1ºS*	*2ºS*	*3ºS*
Estados Unidos						
	Públ.	66.7	78.0	88.0	88.0	88.5
	Priv.	86.0	93.2	86.1	93.1	86.5
Rusia						
	Públ.	8.6	3.8	7.3	4.6	4.0
	Priv.	4.8	4.0	2.3	3.6	3.3
Cuba						
	Públ.	12.9	16.2	14.3	6.2	11.5
	Priv.	9.0	8.8	15.0	6.4	57.
Inglaterra						
	Públ.	9.9	7.4	6.8	7.3	9.4
	Priv.	11.0	8.8	12.9	12.5	14.4
Guatemala						
	Públ.	21.2	31.0	39.4	57.9	60.9
	Priv.	29.1	46.8	35.2	55.3	55.2

más atributos. Los dos países fronteros son considerados libres, democráticos y además, en lo que se refiere a los Estados Unidos, rico y racista. Los otros países cuentan poco en el plano de las amistades internacionales, pero no suelen ser vistos como enemigos.

La seguridad tradicional, la ausencia de amenazas directas y la falta de simetría en el plano internacional se dibujan en el convencimiento infantil. Como en los casos anteriores, este convencimiento no está repartido de manera uniforme: son de nueva cuenta los niños de alto status —los mejor informados— quienes mejor admiten esta armonía de las relaciones de México con sus vecinos del norte y del sur, quienes con más frecuencia declaran a su patria libre de enemigos.

Si los vecinos son amigos, algunos países son receptores de la hostilidad infantil. Cuando la hostilidad aparece no parece deberse a los caracteres nacionales de tal o cual nación, dado que el extranjero es descrito casi siempre bajo los rasgos del gringo, sino porque, como ya se había empezado a concretar en páginas anteriores, se está en contra de un sistema político. Los países enemigos de México, cuando aparecen, son la Unión Soviética y Cuba. La hostilidad encuentra un terreno privilegiado entre los niños más pequeños, siempre más dispuestos a manifestar temor ante lo desconocido. La escuela disipa bastante aprisa estos temores. En la escuela primaria hay una clara tendencia a señalar enemigos entre aquellos países sobre los que se tiene una escasa información (Francia e Inglaterra) que pronto ceden ante aquellos que se empiezan a conocer (la URSS y Cuba), o sea que, en caso de no haber un nuevo elemento capaz de crear un halo de hostilidad en torno a una nación, como el socialismo o el comunismo, la idea de enemistad va desapareciendo. Pero incluso la enemistad hacia los países socialistas no crece: o se estabiliza, o se refugia en los grupos de bajo status social, como los obreros y los campesinos, donde se dan los mayores niveles de intolerancia. El rechazo del socialismo se produce, como era de esperarse, también en los estados menos desarrollados del país.

La amistad de un país no significa que el niño quiera vivir en él. La *hate-love relation* tradicional de las relaciones mexicano-norteamericanas se trasluce en las actitudes que los Estados Unidos y Europa Occidental evocan en los escolares. Los Estados Unidos, ya se vio, aparecen como democráticos, ricos y racistas, además de ser los mejores amigos de México. Entre los niños más jóvenes son la alternativa en caso de tener que residir fuera de su patria, entre otras razones porque su conocimiento del mundo exterior parece detenerse en los dos países fronterizos. Pero el deseo de residir en ellos no es demasiado grande, antes bien, cuanto más saben los escolares de los Estados Unidos —y lo que antes y más rápidamente aprenden, lo que se sitúa en primer lu-

Cuadro 8

PAÍSES ENEMIGOS DE MÉXICO

País	*Escuela*	*5ºP*	*6ºP*	*1ºS*	*2ºS*	*3ºS*
Estados Unidos						
	Públ.	16.7	10.7	7.5	8.4	9.4
	Priv.	4.9	7.7	8.0	5.3	5.6
Rusia						
	Públ.	44.4	39.4	34.2	32.7	33.0
	Priv.	51.7	51.8	35.2	36.6	27.4
Cuba						
	Públ.	37.8	20.6	20.2	21.0	19.1
	Priv.	26.0	24.1	21.9	25.8	17.0
Inglaterra						
	Públ.	26.8	23.1	12.9	9.4	7.1
	Priv.	21.2	16.1	5.9	5.1	1.7
Guatemala						
	Públ.	10.5	3.2	3.0	3.0	6.2
	Priv.	3.2	1.4	3.4	1.1	3.3

gar, es el racismo dominante— menor deseo tienen de residir en la Unión Americana. La alternativa es Europa Occidental. Debe señalarse la falta de atracción de Latinoamérica: Guatemala es muy amistosa pero casi a nadie se le antoja vivir en ella. El prestigio social, asociado a cierta forma de cosmopolitismo, dirige hacia el otro lado del Atlántico: tan pronto como entran en la escuela secundaria los hijos de los profesionistas liberales y de los empresarios, de no poder vivir donde nacieron, piensan hacerlo en Europa; con menos intensidad numérica, los hijos de empleados y funcionarios van pensando lo mismo, aunque más tarde; entre obreros y campesinos, necesariamente más atentos hacia la búsqueda de trabajo, menos informados y con un horizonte más estrecho, los Estados Unidos será siempre el lugar donde se puede ir en caso de emigrar. Europa tiene el prestigio de lo lejano e inasequible a ciertos grupos, es para quienes tienen la capacidad económica necesaria para hacerlo y va revestida por el prestigio que da el ocio —se va como turista— que separa a quienes viajan por placer y quienes lo hacen por necesidad. Entre los hijos de los obreros y campesinos, el abandonar —son los más renuentes a salir de su país— su tierra se hace por necesidades inmediatas y no para visitar la catedral de Chartres. Su nacionalismo, menos complejo, carente de los meandros por los que corre una visión del mundo exterior más completa, con más firmes y

Cuadro 9

¿SI TUVIERAS QUE VIVIR FUERA DE MÉXICO, EN QUÉ PAÍS TE GUSTARÍA VIVIR?

País	*Escuela*	*5ºP*	*6ºP*	*1ºS*	*2ºS*	*3ºS*
Estados Unidos						
	Públ.	39.1	45.6	46.7	39.0	39.2
	Priv.	42.8	48.5	37.7	36.0	28.2
Europa						
	Públ.	17.5	17.5	30.4	37.2	40.5
	Priv.	25.0	28.9	40.6	47.8	52.1
Canadá						
	Públ.	9.8	9.7	4.8	5.0	7.0
	Priv.	9.2	7.0	6.6	4.9	6.4
Guatemala						
	Públ.	6.0	5.5	3.5	3.0	2.1
	Priv.	4.8	2.6	0.9	1.5	1.1

abundantes trazos de los niños de status social medio y alto, tarda más en aceptar las dudas que su país ofrece.

Las sombras que sobre el nacionalismo infantil caen vienen tanto del pasado —el conflicto estudiantil— como del futuro, del temor que los niños sienten ante su porvenir. La ambición presente en ellos, su

Cuadro 10

AUNQUE GANE POCO DINERO, UN MEXICANO DEBE VIVIR SIEMPRE EN SU PATRIA

	Escuela	*5ºP*	*6ºP*	*1ºS*	*2ºS*	*3ºS*
Cierto						
	Públ.	87.7	88.5	81.4	77.0	69.3
	Priv.	85.3	81.4	73.7	64.6	61.7
Falso						
	Públ.	5.2	4.6	10.0	15.0	20.2
	Priv.	7.0	11.1	14.0	26.1	29.1
No sé						
	Públ.	7.1	6.3	8.6	8.0	10.5
	Priv.	7.3	7.4	12.3	9.3	9.2

deseo de llegar a cumplir un porvenir que, en muchos casos, los aleje de su condición social actual, no parece tener demasiadas posibilidades de cumplirse. Al menos ellos así lo creen. Si para los más jóvenes México, suponen, les ofrecerá la oportunidad de obtener un buen trabajo, cosa que se antoja fácil cuando se está lejos aun de necesitarlo, a medida que esta necesidad se va acercando van sabiendo las dificultades y, frente a un panorama poco optimista en lo que a su país se refiere, se va creando un nuevo Dorado. Cuando están a punto de terminar sus estudios secundarios, son muchos los que piensan en la posibilidad de cumplir sus ambiciones más fácilmente en los Estados Unidos que en su propia patria. La visión más positiva de México compartida por los hijos de obreros y campesinos no les impide pensar que la solución del problema de su empleo se resolverá en la Unión Americana. Los demás, en menor grado, también lo piensan.

Cuadro 11

PAÍSES QUE OFRECEN MAYORES OPORTUNIDADES DE OBTENER UN BUEN TRABAJO

País	*Escuela*	*5ºP*	*6ºP*	*1ºS*	*2ºS*	*3ºS*
Estados Unidos						
	Públ.	33.2	37.8	50.1	62.2	58.1
	Priv.	31.8	50.3	50.8	64.1	60.6
México						
	Públ.	53.5	51.0	40.9	28.4	30.9
	Priv.	53.4	38.1	28.3	29.2	21.8

Sólo hay dos lugares donde un niño mexicano cree poder encontrar trabajo, México y los Estados Unidos: el prestigio de Europa, hecho más por las agencias de turismo que por los manuales de historia, se desvanece tan pronto como se plantean los imperativos del porvenir ante los escolares, y la amistad de Guatemala no conduce a casi ningún niño a suponer que allá podría encontrar manera de vivir.

El conocimiento infantil del mundo exterior, limitado, centrado ajustadamente en torno al propio país, es, en sus grandes líneas, exacto.

Que los niños mexicanos sean en su gran mayoría de un gran nacionalismo, que acepten sus símbolos y mitos, que se sientan profundamente vinculados con su patria, es normal. Para ello reciben una educación de contenidos nacionales y nacionalistas. El éxito de la escuela revolucionaria en este terreno no puede ni discutirse y, de cuantos agentes han contribuido a la formación de la nacionalidad, ha sido quizás el más eficaz. Pero esto no obsta para que siga un problema en pie, y este problema es grave por los grupos donde se manifiesta, los mejor situados en el sistema político mexicano.

Hijos de obreros y campesinos, los mejor socializados, o sea los que más han interiorizado los valores y símbolos y mitos nacionales, no son, sin embargo, quienes más cuentan en la estrategia o en el proyecto nacional. Los peor socializados desde el punto de vista del mantenimiento del sistema, los hijos de los profesionistas, serán un grupo de fuerza considerable en plazo muy breve. Los grupos intermedios no se inclinan claramente por ninguna alternativa y, en el mejor de los casos, siguen de lejos a los hijos de los empresarios y profesionistas liberales, sin que entre ellos se encuentren grupos importantes de franca oposición. El conflicto del nacionalismo, o de manera más precisa, del binomio nacionalismo-ideología política dominante y situación social, proyectado hacia el futuro, parece circunscribirse en torno a una minoría. Aunque no es posible predecir hasta dónde esta minoría, por su posición, puede llegar a convertirse en el líder de la opinión pública nacional, sí puede preverse que en cualquier caso su influencia subirá, y sólo en una situación límite disminuirá. Sus actitudes serán pues cada vez más ampliamente compartidas.

Su malestar se origina en una multiplicidad de causas pero, para las necesidades de este trabajo, se han considerado casi siempre pocos factores mediando entre la percepción de una situación social y las actitudes que crea. Como se ha podido leer es la ocupación del padre, la escolaridad y el tipo de escuela a la que asiste el niño los que han surgido con mayor frecuencia, aunque la edad o la localidad hayan sido consideradas en los casos donde su intervención resultaba evidente. De hecho todos estos factores son acumulativos: cuando mayor es el prestigio de la ocupación del padre —y, se supone, mejor es su situación económica—, mejor es la escuela donde se educa el hijo, mayor la correspondencia entre la edad y la escolaridad, mayor sobre todo la información. Y es en estas mal captadas élites donde el nacionalismo tiene menos eco. Información, escolaridad, prestigio social juegan en su contra.

Estos factores no son puramente negativos: la tolerancia aumenta con ellos, la visión hostil del mundo ajeno disminuye, aumenta el sentimiento de eficacia política y aumenta también la confianza en los demás. Pero incluso estos aspectos positivos ayudan a iluminar la división cada vez más acentuada de la nación entre élites y masas. Como se verá en otros trabajos las élites son las más renuentes a aceptar la estructura actual del sistema político mexicano, sostenido, por ahora, al menos en el mundo de los niños. por los que pertenecen a la parte más desfavorecida del país.

CAPÍTULO VI

LA JERARQUÍA DE LA INFLUENCIA

Los NIÑOS MEXICANOS perciben la influencia política, o sea la capacidad de modificar una decisión política en favor de un grupo, dentro de una escala jerárquica que corre desde el Presidente de la República hasta la Iglesia: son la cima y la sima del sistema.

El lugar ocupado por el Presidente encuentra explicaciones a granel. Régimen presidencial; papel secundario y borroso de los otros poderes constitucionales; confusión de la función y de la persona; imagen dominante en los medios de comunicación de masas; árbitro de todo conflicto político; la lista resultaría inacabable. Pero, conviene añadir un elemento más: para los niños en México es la figura más conocida de todo el sistema, es más conocido incluso que el hecho de poder votar.

A partir de él y por debajo de él se ordena todo el mundo político. Los sindicatos son quienes más se acercan a él, junto con una categoría ambigua por la palabra que la expresa, los "ricos", pero carente de ambigüedad en la vida política mexicana. Rico e influyente suelen identificarse: un "influyente" siempre es rico, aunque no todos los ricos sean influyentes. Las claras ansias de logro individual dominantes entre los niños los suben a un peldaño que se nivela casi con el ocupado por los sindicatos.

Más abajo se hallan los periódicos y las empresas. El hecho de haberlas calificado de "grandes" puede haber causado en parte su alta ponderación; el contenido político de los periódicos sería una razón plausible, aunque no suficiente, para la situación de la prensa en la jerarquía infantil. Estas dos variables, como se verá más adelante, no son percibidas tan uniformemente como las anteriores.

Estudiantes, ciudadanos comunes y corrientes e Iglesia se sitúan en el fondo. A pesar de un acuerdo de casi todas las variables independientes, son quienes más oscilarán dentro de la escala: sobre todo los estudiantes y la Iglesia. Señalemos, antes de seguir adelante, el bajo grado de organización de los dos primeros grupos (ciudadanos y estudiantes) y la función espiritual dominante entre las varias ejercidas por la Iglesia, al menos para la percepción infantil.

Escuela e influencia

Las escuelas públicas son, sorprendentemente, al menos a primera vista, quienes menos influencia conceden al Presidente de la República, a pesar de situarlo, como los niños de las escuelas de otro tipo (privadas laicas y religiosas), en la cúspide. De un máximo posible de 3.00, el ex Presidente G. Díaz Ordaz —es importante recordar quién estaba a cargo del poder ejecutivo en el momento de la encuesta— es situado en 2.83 por los niños de las escuelas privadas laicas, 2.71 por los de las religiosas y 2.67 por los de las públicas. El conflicto estudiantil de 1968 parece ser un factor muy importante en todas las percepciones, pero de manera especial en la del Presidente de la República. Otro factor coadyuvante al establecimiento del grado de influencia concedido estriba en la información sobre el sistema político de México: los asistentes a las escuelas privadas laicas, sobre todo en el D. F. y en Nuevo

Cuadro 1

Jerarquización política

	Escuelas			*Hombres*	*Mujeres*	*Escuelas*	
	Públicas	*Privadas*				*Urbanas*	*Rurales*
		Laicas	*Relig.*				
Presidente	2.67	2.83	2.71	2.68	2.70	2.72	2.66
Sindicatos	2.14	2.06	2.28	2.14	2.14	2.16	2.10
Ricos	2.09	2.12	2.13	2.09	2.11	2.01	2.16
Periódicos	1.87	1.84	1.74	1.79	1.94	1.81	1.88
Empresas	1.86	1.78	1.83	1.81	1.88	1.83	1.88
Estudiantes	1.74	1.49	1.41	1.25	1.59	1.43	2.07
Ciudadanos	1.33	1.34	1.28	1.34	1.29	1.26	1.12
Iglesia	1.02	1.15	1.06	1.02	1.06	1.04	1.05

Nota: Para elaborar este índice se concedieron los valores siguientes a la pregunta núm. 69 del cuestionario:

Mucho: 3
Regular: 2
Poco: 1
Nada: 0

León, poseen una información mayor que los demás escolares, y el conocimiento del sistema lleva a considerar al Presidente como la figura clave, aunque no se esté de acuerdo con ello.

El afecto o antipatía por los sindicatos no afecta la percepción subjetiva de su poder. Quienes menos dispuestos se muestran a entrar en ellos al tener la edad requerida, los niños de las escuelas religiosas son quienes más poder les conceden (2.28). El fenómeno no es nuevo y volveremos a encontrarlo en algunas ocasiones: cuando más alejado se esté de una institución más poder se le concede en un plano subjetivo.

Los niños de los establecimientos laicos y privados ven en los sindicatos una capacidad de influencia menor que en los ricos, cosa que no sucede en las escuelas públicas. Estos, los ricos, sin embargo, son colocados en un mismo nivel por los tres tipos de escuela, pues, como habíamos señalado anteriormente, el deseo de logro individual es un fenómeno general dentro de la cultura política de México.

Periódicos y empresas, a pesar de quedar situados por encima de la media (1.50) oscilan entre el 4º y 5º lugares de acuerdo con las escuelas. El carácter en principio no político de una empresa y la amplitud de los intereses de la prensa son inconvenientes mayores para percibir su función política. El grupo "estudiantes" va a originar oscilaciones aún más espectaculares.

Las escuelas más afectadas por el movimiento de 1968, las públicas, confieren a los estudiantes un nivel de influencia mucho más elevado (1.74) que las privadas laicas (1.49) y las religiosas (1.41). Cabe nuevamente preguntarse si un mayor realismo político, originado a su vez por un conocimiento más precioso y amplio del sistema político, no lleva a las escuelas privadas a disminuir el grado de influencia concedido a los estudiantes. Dos resultados que se expondrán más adelante nos permiten suponerlo: cuanto más inmiscuidos estuvieron los sectores expresados por las variables independientes, menor es la influencia concedida a los estudiantes como grupo político. La ponderación resultante a las escuelas públicas –que de ninguna manera deben confundirse con las del Distrito Federal o las urbanas– no debe tomarse en consideración hasta conocer los resultados del análisis de otras variables.

El escepticismo universal de los niños en lo que hace a su influencia política se manifiesta también en México, donde debe también considerarse la desconfianza general y el autoritarismo tanto de la cultura como del sistema político. Las escuelas religiosas son quienes más escépticas se muestran frente al influjo de los ciudadanos sobre la política.

Queda la Iglesia, vista unánimemente como un organismo incapaz de modificar una decisión política cualquiera. Como en el caso de los sindicatos, son las escuelas teóricamente más alejadas de su influencia, las privadas laicas, quienes mayor influencia política le conceden (1.15). Su posición de *underdog* político es absoluta y, seguramente, una manifestación más de una cultura y vida políticas secularizadas y, desde este ángulo, modernas.

Niños y niñas

Los índices de atribución de influencia política presentan un rasgo distintivo importante entre varones y mujeres. Aunque sin grandes diferencias, los niveles de influencia conferidos por las niñas son siempre —sólo hay una excepción— superiores a los de los varones. La magnificación del poder de los grupos organizados puede deberse, entre otras cosas, al mayor interés por la política manifestado por las niñas, interés que, por lo demás no repercute en una mayor información, sino en lo contrario. Este tipo de percepción las condujo a considerar a los estudiantes más influyentes que a los ciudadanos (1.54 y 1.29, respectivamente); jerarquía que se invierte entre los hombres (ciudadanos, 1.34; estudiantes, 1.25). Por otro lado, la intención de participar en la vida política —menor entre las mujeres— las llevó, quizás, a percibir una capacidad de influencia de los ciudadanos menor que la percibida por los varones.

El residir en una zona urbana o en una zona rural acarrea elementos capaces de modificar la jerarquía y el nivel de influencia atribuidos a los grupos de interés. Los escolares de las ciudades confieren al Presidente, a los sindicatos y a los ciudadanos una capacidad de intervención en la política mayor que los niños residentes en zonas rurales; éstos, por el contrario, ponderan más positivamente a los ricos, a los periódicos, a las empresas y, sobre todo, a los estudiantes.

En esta dicotomía se advierte una orientación de las zonas urbanas hacia los elementos fácilmente identificables en el sistema político, carentes de ambigüedad y con una función específica, como resultan ser el Presidente y los sindicatos. Su tipo de información se confirma en la manera de juzgar los resultados de la intervención de los estudiantes en la política: podemos suponer que son los varones que asisten a escuelas privadas de las zonas urbanas quienes menos consideran a los estudiantes una fuerza importante, y que las niñas de las escuelas rurales —las más alejadas de los movimientos estudiantiles—, el grupo que ve en los estudiantes un poder casi tan alto como el de los sindicatos. En las ciudades domina un realismo político superior al del campo, pues en éste se tiende a magnificar la influencia de grupos para ellos no bien conocidos: la prensa, las empresas, junto al grupo dominante en grandes sectores rurales, los ricos y, aunque ligeramente, advierten menos poder en el Presidente de la República. Aun teniendo en cuenta que se trata en todos los casos de niños escolarizados, incluso con un alto nivel de escolaridad –hasta 3º de secundaria–, trasluce de todos modos el peso social de la vida rural.

La ocupación del padre

Si se toma el tipo de trabajo del padre como variable independiente, se puede observar cómo se mantiene la jerarquía de la influencia en lo que hace al Presidente, a los sindicatos y a los ricos. Pero aun en estos elementos encontramos variaciones.

En primer lugar, con la caída del prestigio de la profesión del padre va disminuyendo el poder concedido al Presidente de la República, con la sola excepción de una ligera subida en la celda correspondiente a los obreros. La información sobre el Presidente es uno de los factores importantes en la modificación de la percepción de su poder. La función principal que se le atribuye, por el contrario, no modifica en nada el grado de influencia que se le concede.

El rico es visto generalmente con una gran capacidad para modificar al poder. Con una punta hacia arriba entre los campesinos y otra hacia abajo en las profesiones liberales, casi todos los escolares les confieren un nivel de intervención análogo. No sucede lo mismo con los sindicatos: la participación del padre en ellos resulta decisiva. Los hijos de los funcionarios, de los obreros y de los empresarios ven en ellos grupos más poderosos que los otros niños.

La diferencia del papel desempeñado por sindicatos obreros y campesinos parece reflejarse en el juicio de estos últimos sobre su sindicato: para ellos los ricos son claramente más influyentes que sus asociaciones sindicales. Es el único grupo de ocupación que así lo piensa.

La valoración subjetiva del poder de los periódicos da lugar a apreciaciones bastante diferentes entre los distintos grupos ocupacionales. A medida que va cayendo el status socio-económico del padre va subiendo el prestigio de la prensa. No parece haber correlación alguna entre la lectura de la prensa nacional o local y la imagen de la influencia ejercida por los periódicos. Los campesinos, que son quienes más la valoran, sólo en un 13.3 por ciento leen la nacional y en un 27.4 por ciento la local, es decir, son quienes menos expuestos están a ella. Los niños de alto status socio-económico, que por razones obvias están más

Gráfica 1

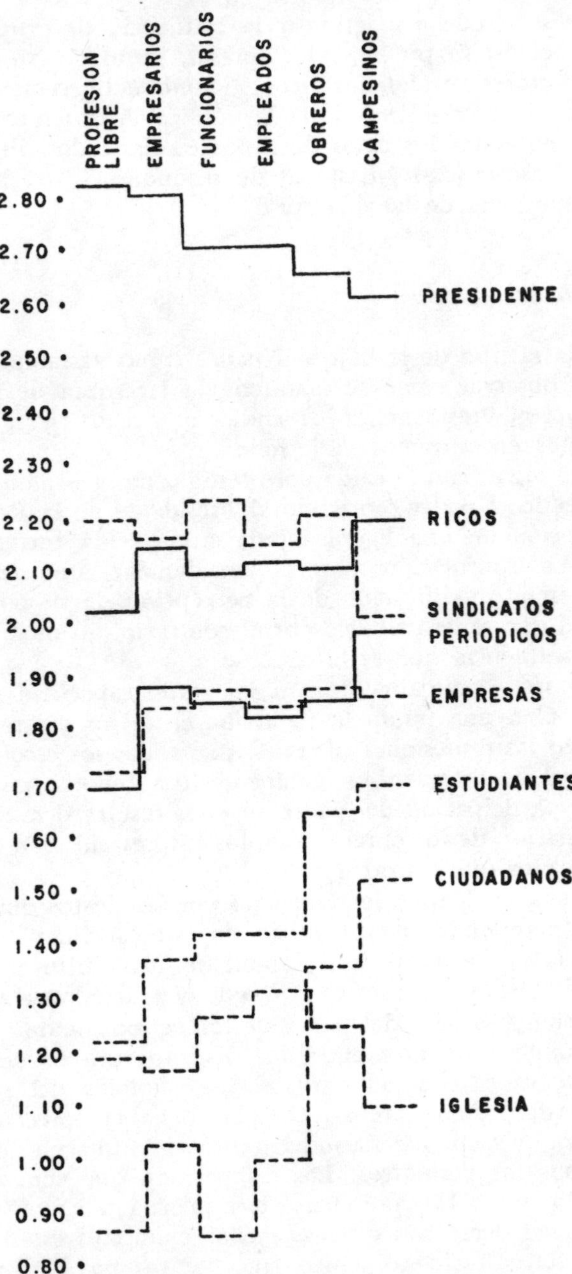
PROFESION LIBRE
EMPRESARIOS
FUNCIONARIOS
EMPLEADOS
OBREROS
CAMPESINOS
2.80
2.70
2.60
2.50
2.40
2.30
2.20
2.10
2.00
1.90
1.80
1.70
1.60
1.50
1.40
1.30
1.20
1.10
1.00
0.90
0.80
PRESIDENTE
RICOS
SINDICATOS
PERIODICOS
EMPRESAS
ESTUDIANTES
CIUDADANOS
IGLESIA

expuestos a todos los medios de comunicación de masas y especialmente a la prensa, son los más reticentes a ver en ella un gran poder.[1]

Contrariamente a lo que sucede en la evaluación de la influencia del Presidente, a medida que va bajando el prestigio de la profesión crece la imagen que se tiene del poder de tres grupos situados, de todos modos, en la parte inferior de la escala, como son los estudiantes, los ciudadanos y la Iglesia.

En los dos primeros casos, estudiantes y ciudadanos, la percepción de su influencia está generalmente en razón inversa de la percepción de la influencia del Presidente: cuanta más se le atribuye al Jefe del Ejecutivo menos se le confiere a los ciudadanos y a los estudiantes. Esto resulta aún más sorprendente si se advierte que los grupos ocupacionales más inclinados a considerarse políticamente ineficaces son los que más influencia advierten en los ciudadanos y los estudiantes. Sólo dentro de un marco de referencia muy amplio, a través de los rasgos dominantes de la cultura política de México —el autoritarismo de sus contenidos y el autoritarismo de los mexicanos, al menos de los niños mexicanos— puede comprenderse esta manera de distribuir subjetivamente la influencia. En términos generales, cuanto más elevado es el prestigio de una profesión y mayor el status socio-económico, más abundantes son las actitudes democráticas y el sentimiento de eficacia política, pero es también mucho más precisa y amplia la información, lo que lleva a crear en los niños actitudes ambivalentes o contradictorias en apariencia: en los grupos de alto prestigio y estatus —hijos de las profesiones liberales y del empresariado— las actitudes democráticas no les impiden ver una distribución autoritaria del poder dentro de un sistema político donde los ciudadanos desempeñan un papel menor.

Pero dentro de estos ciudadanos —es el grupo más heterogéneo de todos— los niños de alto estatus socio-económico se sienten pertenecer a subgrupos que cumplen funciones más importantes que las de los otros ciudadanos: de ahí su sentimiento de mayor eficacia política personal. Los grupos de menor prestigio y estatus —obreros y campesinos— perciben de manera menos clara la distribución del poder, son más autoritarios, menos democráticos— y están mejor adaptados al sistema político: aceptan en mayor grado sus instituciones —partidos y sindicatos—, se muestran más atentos a las decisiones del gobierno que a su posible formulación. El autoritarismo del sistema y el suyo coinci-

[1] Para todo lo referente no sólo a la prensa, sino a las comunicaciones de masas, véase: Mariclare Acosta, *Efectos de la comunicación masiva en el proceso de socialización política de los niños mexicanos* Mimeo. Facultad de Ciencias Políticas y Sociales, UNAM, 1970.

den en amplias zonas, y en esta coincidencia ven expresada, quizás, una influencia de los ciudadanos superior a la que advierten los niños colocados más cerca del vértice de la pirámide social. Sólo los hijos de los campesinos se separan de esta pauta: le regatean el poder a todos menos a los ricos, cuya influencia valoran más que los niños de las otras categorías de ocupación.

Los estudiantes son colocados por todos los grupos de ocupación arriba de los ciudadanos, siguiendo la percepción de su influencia una pauta análoga: cuanto más elevada la ocupación del padre del niño, más abajo se coloca la influencia estudiantil en la política. Debe señalarse cómo los hijos de los obreros siguen la tendencia general; o sea, que cuanto menor es el poder de que dispone un grupo dentro del sistema político, mayor es la influencia que atribuye a los otros grupos organizados. Esto resulta aún más sorprendente si se recuerda la oposición de los sindicatos obreros al movimiento estudiantil de 1968. Pero la violencia y la amplia publicidad que lo rodearon, su desenlace trágico y el hecho de haber sido un reto real al poder político, llevaron a los grupos situados en la base de la pirámide social a suponer que los estudiantes disponían todavía de algún poder.

El *underdog* de la influencia, la Iglesia, sólo recupera unos puntos en los grupos de menos prestigio ocupacional. Las tradiciones laicas de los profesionistas liberales y de los funcionarios se manifiestan, a su vez, claramente. Aunque colocada por los niños en un indisputado último lugar, la visión de su poder en el mundo político origina las disparidades más violentas de todas.

La edad

El paso de los años no parece afectar mayormente las pautas de percepción de la influencia,[2] sobre todo en los tres primeros elementos, el Presidente, los ricos y los sindicatos. Sobre todo estos dos últimos mantienen un estrecho paralelismo de los 10 a los 15 años. La influencia de los periódicos no se altera en las mentes infantiles o juveniles, mientras que en el de las empresas tiende ligeramente a bajar, con la excepción ya señalada del grupo de 15 años. Tampoco el peso de los estudiantes en la política sufre grandes alteraciones con la edad.

Si la caída vertiginosa de la Iglesia como fuerza interviniente en la

2 Puede advertirse en la gráfica cómo hay una brusca subida a los 15 años. Este salto se ha producido en todas (información, evaluación, etc.) y se debe a una carga excesiva de obreros y campesinos en el grupo de 15 años. Véase: Advertencia sobre el método utilizado.

Gráfica 2

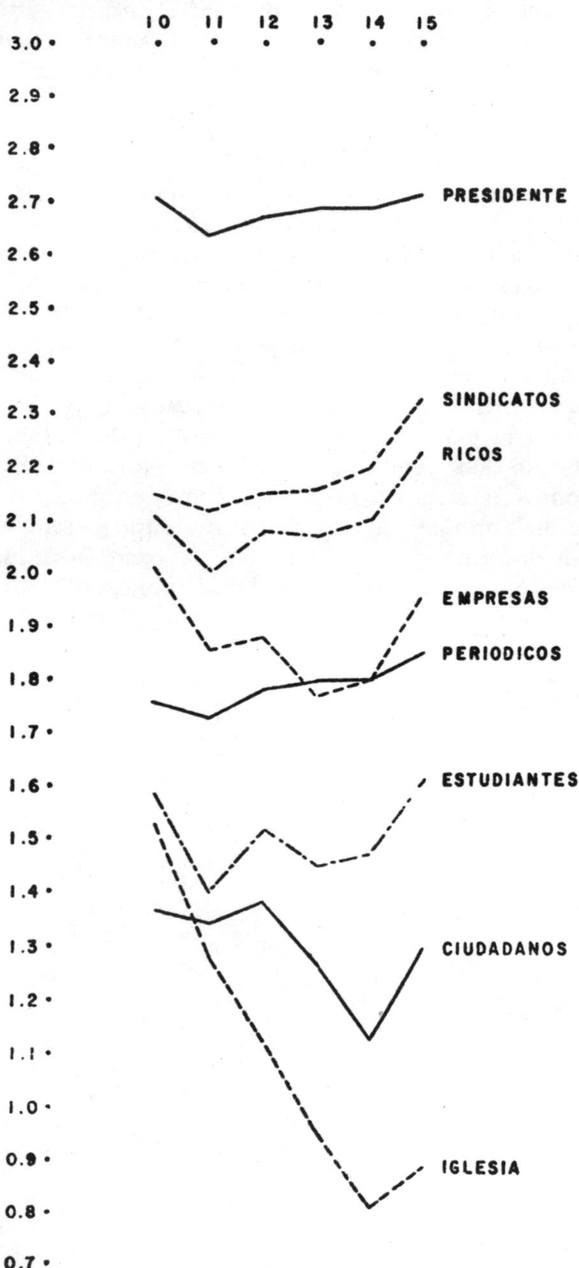
10
11
12
13
14
15
3.0
2.9
2.8
2.7
2.6
2.5
2.4
2.3
2.2
2.1
2.0
1.9
1.8
1.7
1.6
1.5
1.4
1.3
1.2
1.1
1.0
0.9
0.8
0.7
PRESIDENTE
SINDICATOS
RICOS
EMPRESAS
PERIODICOS
ESTUDIANTES
CIUDADANOS
IGLESIA

política es para los niños mexicanos un hecho incontrovertible que manifiesta la secularización de la vida política, la marcada baja de la percepción de la influencia ciudadana expresa una vez más el autoritarismo del sistema, visto con mayor claridad a medida que pasan los años.

En resumen, los niños mexicanos tienen una visión claramente establecida de la distribución de la influencia política. Entre sus dos polos, el Presidente de la República y la Iglesia —el superior y el inferior— la jerarquía rara vez se altera en el caso del Presidente, los sindicatos y los ricos. La ambigüedad del papel desempeñado por las empresas y la prensa se manifiesta a través de todas las variables independientes utilizadas en este análisis —escuelas, sexo, *hábitat,* ocupación del padre, edad— y lleva a percepciones diferenciales marcadas. Los dos grupos políticos menos articulados —los estudiantes y los ciudadanos— son colocados en la parte inferior de esta escala de influencia. Su falta de articulación no debe ser la causa única de su caída: el autoritarismo dominante tanto en el sistema político como en la cultura mexicana interviene en la falta de peso específico atribuido a estos dos grupos y el aumento de información aportado por la edad introduce un nuevo factor negativo en la percepción de la influencia de los ciudadanos. Esta misma información es la que produce la caída vertiginosa del poder atribuido a la Iglesia.

CAPÍTULO VII

AUTORITARISMO Y DEMOCRACIA: LA PERCEPCIÓN SUBJETIVA DEL PODER

VARIOS AUTORES han mostrado claramente la relación que media entre la cultura de una sociedad, en su más amplia acepción, y la cultura política de esa misma sociedad.[1] G. Almond señalaba ya en 1956 la no coincidencia de una cultura política con un solo sistema político, sino que insistía en cómo una cultura política se extendía más allá de los límites de un solo sistema político determinado.[2] Pese a la validez de su proposición el sistema político mexicano no parece caber en la única categoría que le correspondería —la de los sistemas preindustriales.

La noción de cultura política es vuelta a tomar por Lucien Pye,[3] en una definición más ceñida a sus contenidos empíricos, al indicar cómo "asume que las actitudes, sentimientos y cogniciones que gobiernan e informan el comportamiento político en cualquier sociedad no son conjuntos al azar sino que representan pautas coherentes que se embonan y se refuerzan mutuamente"; [4] la cultura política es la que confiere significado, predecibilidad y forma al proceso político. Vinculada directamente por su origen al proceso de socialización, se necesita que cada individuo "aprenda e incorpore a su propia personalidad el conocimiento y los sentimientos sobre la política de su pueblo y de su comunidad".[5] Dejando a un lado la exigencia de una "consonancia cognitiva",[6] queda la dificultad de que significado y predicción coin-

1 G. Almond y Sidney Verba, *op. cit.*, 379 pp.

2 G. Almond, "Comparative Political Systems", *Journal of Politics* 18 (3), 1956, pp. 391-409.

3 *Political Culture and Political Development,* Princeton, New Jersey, Princeton University Press, 1965, 574 pp.

4 Pye. *Ibid.*, p. 7.

5 Pye. *Ibid.*, p. 9.

6 L. Festinger, *A Theory of Cognitive Dissonance*, London, Tavistock Publications, 1959, p. 11.

cidan, además de que el proceso de socialización exige la incorporación por parte de cada individuo de conocimientos y sentimientos. Por básicos que éstos sean, resultaría prácticamente imposible la incorporación en tales términos. Es cierto que Pye señala la dificultad presente para llenar el foro que separa la psicología de un individuo del nivel del "agregado social". Más orientado hacia las bases psicológicas de la cultura política, S. Verba considera que "la cultura política de una sociedad consiste en el sistema de creencias empíricas, símbolos expresivos y valores que diferencian la situación donde se efectúa la acción política. Proporciona la orientación subjetiva para la política".[7] Como Almond y Pye, insiste en cómo la cultura política "lleva de modo invariable al estudio de la socialización".[8]

Partiendo, pues, de la existencia de una cultura política y de un proceso de socialización —además de una serie de instituciones, como con toda razón insiste Verba—, se desembocaría en un sistema político que puede ser resultado u origen de esta cultura y de las actitudes, creencias, símbolos y mitos necesarios para el mantenimiento de la cultura y del sistema políticos. De hecho se estaría en una especie de causación circular entre proceso de socialización, cultura política y sistema político. Esta causación puede naturalmente ser interrumpida por un proceso revolucionario capaz de introducir un nuevo proceso de socialización, una nueva cultura y un nuevo sistema.[9]

El tipo de sistemas políticos llamados autoritarios son formas imperfectas ya sea de sistemas democráticos o totalitarios que obedecen a una causalidad compleja y múltiple.[10] En los casos de México y de Turquía, se trata de regímenes que aprueban en principio una concepción occidental "progresiva" de la democracia. Es más, el régimen autoritario puede ser un paso para preparar el camino hacia una democracia sin calificativos; lo que no puede hacer es orientarse hacia el totalitarismo sin poner a todo el sistema político en peligro. Independientemente de su evolución posterior, los regímenes autoritarios tienen una naturaleza distinta de los democráticos y de los totalitarios. Para Juan Linz, los elementos constitutivos indispensables son:

A. Pluralismo político no responsable y limitado.
B. Ausencia de una ideología elaborada.
C. Falta de movilización política intensa y extensa.

7 S. Verba, *Comparative Political Culture*, 513.

8 S. Verba, *op. cit.*, 515.

9 Véase para ello: R. Fagen, *The Transformation of Political Culture of The Cuban Revolution*.

10 Juan Linz, *op. cit.*, pp. 293 y *ss*.

D. Presencia de un líder o de un grupo pequeño que ejerce el poder dentro de límites mal definidos pero previsibles.

Otros rasgos fundamentales de este tipo de regímenes, aparejados a los que arriba se indican, son el partido autoritario, "que no monopoliza todos los caminos hacia el poder" y un control social distinto al de los regímenes totalitarios, pues "si el control de los medios de comunicación puede ser mayor que en las sociedades totalitarias, el impacto de este monopolio es menor pues no es abarcado por una propaganda personal intensiva a través de agitadores o de otros líderes informales". Las élites, "dado el carácter no ideológico de gran parte de la política autoritaria, el énfasis sobre la respetabilidad y la *experotise,* y el deseo de cooptar elementos de la sociedad establecida, lleva a que un cierto número de quienes detentan el poder sólo tengan: un pequeño *involvement* previo en la política. De vez en cuando, especialmente en un segundo nivel, encontraremos personas que se definen a sí mismas públicamente como expertos, nada más expertos. . ."

El tipo de régimen, la cultura política y el proceso de socialización deben por fuerza obedecer a un conjunto de pautas comunes. No es concebible una cultura política democrática coexistiendo con un régimen totalitario. Pero esto no implica una homogeneidad absoluta de la cultura política dentro de una sociedad; las subculturas son con frecuencia fácilmente observables. Pye distingue dos tipos de subculturas dentro de cualquier sistema, la cultura de las masas y la cultura de las élites,[11] de contenido diferente y resultado de un proceso de socialización también diferente. Esta división podría darse también entre los sectores más modernizados y los más tradicionales; entre los urbanos y los rurales, etc. La introducción de una serie de variables dicotómicas llevaría a la creación de un modelo de enorme complejidad. Para Verba, en cambio, serían variables más políticas que sociales, como la identificación con el Estado-nación o la identidad nacional, las que mejor permitirían percibir el contenido de una cultura política.

Apoyándose en los datos empíricos y en las categorías aportadas por *The Civic Culture,* R. Scott ofrece uno de los primeros ensayos sobre la cultura política de México, a la que corresponde una "socialización conflictiva",[12] que crea una multitud de actitudes incompatibles, en primer lugar por la crisis de identidad presente –no hay un solo juego o conjuntos de normas que anime todos los rasgos nacionalizadores y

11 Pye, *op. cit.,* pp. 15 y 19.

12 Robert Scott, "México: The established revolution", en Lucian Pye, *Political Culture and Political Development,* op. cit., pp. 330-395.

modernizadores—, y por la diversificación de las agencias socializadoras. Dentro de la socialización distingue dos fases, una primaria —creadora de las motivaciones básicas y de la capacidad para tratar con los demás— que está más internalizada que la secundaria —la productora de la habilidad— *(skill)* y de los conocimientos políticos. El rasgo clave del proceso socializador en México —o de los procesos, más propiamente dicho— es la desconfianza, que conduce a la no participación y a la necesidad de una dependencia personal y directa: ambas son resultado de un medio ambiente *(environment)* autoritario. Entre el autoritarismo del sistema y las actitudes autoritarias hay algo así como una causación circular, un refuerzo mutuo y constante.

Las actitudes autoritarias vistas por Almond y Verba, y por Scott, entre los mexicanos, se presentan, y con gran claridad, entre los niños, criados —en el más justo sentido del término— en un medio autoritario.

En un nivel de agregación —promedio de los porcentajes de respuestas autoritarias— los resultados muestran hasta la saciedad el autoritarismo infantil mexicano. En todos los casos —con una sola excepción— dominan las actitudes autoritarias sobre las democráticas.

Cuadro 1

	Escuelas	*5º P*	*6º P*	*1º S*	*2º S*	*3º S*
Democracia						
	Públ.	2.51	2.69	2.97	3.25	3.82
	Priv.	2.52	3.10	3.02	3.74	4.35
Autoritarismo						
	Públ.	3.53	4.24	4.15	4.50	4.56
	Priv.	4.11	4.09	3.84	4.46	3.85

NOTA: Las cifras que aparecen en este cuadro son el resultado de sumar las contestaciones autoritarias o democráticas dadas a la escala que aparece con el número 25 en el cuestionario y después dividirlas entre cuatro.

Una observación merece destacarse en primer lugar: mientras el autoritarismo se mantiene en un alto nivel a lo largo de la escolaridad, y no parece ser afectado por ningún factor, las actitudes democráticas se van abriendo paso rápidamente. Esto, en un nivel de agregación que conviene desglosar.

En primer lugar, se da un muy alto nivel de no contestación y no se puede atribuir actitud alguna a quienes son incapaces de manifestarla. En segundo lugar, las cuatro preguntas correspondientes a una escala de Guttman no extraen las contestaciones que deberían corresponder a este tipo de escala,[13] pero esto no obsta para que las contestaciones en sí sean por demás reveladoras.

Dos de ellas reflejan (la A y la D) una actitud profundamente autoritaria, basada en uno de los rasgos esenciales de los temperamentos autoritarios —la desconfianza: el no poder confiar en los demás. Una causa social parece incidir sobre esta contestación, y se puede observar en dos instancias. Primero, en que los niños de los establecimientos privados —en mejor situación económica, con mejores perspectivas para el futuro, viviendo en un mundo más protegido— tienden ligeramente a aumentar su confianza en los demás. Segundo, la caída que se presenta en 1º de secundaria, cuando el niño cambia casi siempre de colegio y, de manera obligatoria, es víctima del método de enseñanza —ya no se tiene un solo profesor sino varios. Estos cambios, que por fuerza introducen una cierta inseguridad y temor —el grupo de iguales, de compañeros, de pares acaba de cambiar— son seguramente los responsables de la baja de confianza en los otros.

El segundo rasgo esencial es el atribuir los fracasos exclusivamente a la falta de esfuerzo personal. La evidencia es aplastante. No sólo se rechaza con esto las causas sociales del fracaso, la idea de que no todos están en la misma situación ni gozan de las mismas facilidades para triunfar en el mundo. La falta de empatía es total, absoluta; no sólo las contestaciones que atribuyen la ausencia de triunfos a la falta de esfuerzo personal son altísimas en promedio, y además no crecen sino de manera muy lenta a través de la edad y de la escolaridad.

Las otras dos preguntas van contaminadas pues reflejan respuestas de hecho y no de opinión, juicios de realidad y no de valor. Si las mujeres deben o no intervenir en la política puede ser para el niño una evidencia: desde el momento en que pueden votar —y la mayoría conoce este derecho femenino— el fenómeno de la intervención femenina está dado y se trata de manifestar algo obvio. Además, el hablar de política sobre todo en la casa, muestra la presencia de la madre o de las hermanas en la política.

En lo que se refiere a los hombres fuertes, la palabra líder va cargada de connotaciones sindicales, y no evoca al caudillo, al jefe máximo, al guía. Pero no deja de resultar sorprendente el apego de los niños a la ley en este caso, cuando le han mostrado, en otra parte, su despego.

Algunos puntos pueden coadyuvar a rastrear las manifestaciones del

[13] En una prueba absoluta de cómo una escala hecha para una cultura determinada no sirve en otra.

autoritarismo infantil. Uno de los más importantes es la ya explorada actitud ante el Presidente de la República, cuya imagen es más la de un guardián del orden que la de un representante de la voluntad popular. Con frecuencia se ignora cómo y con ayuda de quién llegó a serlo, pero sea como sea lo más admirado en él (véase el "Presidente, el orden y la ley") es su capacidad de mando. No es el "líder benevolente" de Fred I. Greenstein,[14] sino el líder fuerte, aquel ante quien se someten todos.

Rasgo autoritario también es la desconfianza en los partidos, que necesitan ser guiados por el gobierno, o sea, por el Presidente, y esta desconfianza aumenta hasta el grado de que si bien se los considera necesarios no se quiere entrar en ellos cuando hay posibilidades de éxito personal, aislado, individual: quien se esfuerza triunfa, aunque solo.

El autoritarismo es manifiesto en el rechazo de los países socialistas y especialmente en las actitudes intolerantes ante los disidentes políticos por antonomasia, los comunistas.

La intolerancia frente a los comunistas es tanto más pronunciada cuanto más pequeños son los niños, y no desaparece. Se metamorfosea, llama al convencimiento, a la expulsión, abandona las ideas de exterminio. La tolerancia —el permitirles participar, admitir de hecho un sistema político abierto e inclusivo— crece lentamente en los grupos ya identificados por sus actitudes más democráticas. En secundaria nadie piensa ya en fusilarlos, son mucho más numerosos quienes piensan en los comunistas interviniendo en la política nacional y, sin embargo, son muchos más quienes desean ver a los comunistas al margen de la vida ciudadana.

La idea de R. Scott queda confirmada: el autoritarismo es dominante entre las actitudes infantiles. El sistema político, montado sobre el Presidente, su voluntad y su autoridad, lo refuerza, al ser este sistema autoritario en la distribución y ejercicio del poder. Frente a un sistema autoritario, el niño debe internar las actitudes también autoritarias que le permitirán adecuarse a su medio político y social.

Un sistema autoritario no puede permitir una movilización extensa ni intensa,[15] es decir, no admite más que una participación restringida y controlada, casi siempre simbólica —no decisiva— y con frecuencia de simple apoyo a las opciones elaboradas lejos de los ciudadanos. Por si esto no fuera bastante —las limitaciones impuestas por el propio sistema— la desconfianza es un freno a la participación. Sin la seguridad

14 "The Benevolent Leader", *American Political Science Review*, vol. 54, 1960, pp. 934-943.

15 J. Linz, *op. cit.*

de hallar una respuesta confiable en los demás, el individuo se abstiene de emprender cualquier acción que, además de estar condenada al fracaso, puede situarlo en una posición peligrosa frente al poder. La desconfianza generada por los regímenes autoritarios limita pues la participación, y la falta de participación produce a su vez un sentimiento de ineficacia política.

La dimensión eficacia-ineficacia, el sentimiento de poder influir sobre la política, de creer que sus opiniones serán tomadas en cuenta y el convencimiento subjetivo de ayudar a crear las decisiones fueron medidas también con ayuda de una escala de Guttman, que en esta ocasión sí funcionó en cuanto tal.

El mayor grado de ineficacia se daría en quienes no pueden siquiera contestar a las preguntas, entre los que no tienen capacidad para expresar su sentimiento de desvalimiento frente al mundo de la política. Como se puede ver, estos ineficaces absolutos disminuyen rápidamente.

Cuadro 2

LA PERCEPCIÓN DE LA CAPACIDAD POLÍTICA DEL SUJETO

	Escuelas	*5°P*	*6°P*	*1°S*	*2°S*	*3°S*
Eficacia						
	Públ.	2.24	2.35	3.13	3.21	4.04
	Priv.	2.51	2.77	2.98	4.09	4.86
Ineficacia						
	Públ.	4.46	4.86	4.46	4.89	4.42
	Priv.	4.67	4.39	3.90	4.21	3.74
D.K.						

NOTA: Las cifras que aparecen en este cuadro son el resultado de sumar las contestaciones que evidencian la eficacia o la ineficacia dadas a la escala que aparece con el número 26 en el cuestionario y después dividirlas por cuatro.

Esta disminución revela una subida de quienes están conscientes de su situación, pero, con la sola excepción del 3er. año de secundaria de las escuelas privadas, se encuentra un dominio permanente del sentimiento de ineficacia y, como en el caso de las actitudes autoritarias, este dominio no parece cambiar de nivel en ningún momento, situándose alrededor del 4.50 en las escuelas públicas y algo más abajo en las privadas.

Resultaría inútil insistir sobre las razones de estas diferencias entre escuelas. Los grupos de mayores ingresos, de más fácil acceso a la in-

Cuadro 3

EFICACIA

	Escuelas	5º P	6º P	1º S	2º S	3º S
A	Públ.	10.9	10.9	16.3	13.0	21.4
	Priv.	9.8	12.2	11.9	17.3	30.6
B	Públ.	27.1	27.6	30.2	26.4	30.2
	Priv.	28.0	28.0	24.6	32.3	30.1
C	Públ.	26.2	25.9	35.1	41.6	54.5
	Priv.	30.1	31.4	34.7	52.2	70.4
D	Públ.	25.7	29.7	43.7	47.5	55.5
	Priv.	32.5	39.5	48.3	61.9	63.6

26. *Elige una respuesta para cada una de las afirmaciones siguientes:*

A Algunas veces la política y el gobierno parecen algo tan difícil que una persona como yo no puede comprender de qué se trata.

Sí No No sé

B No creo que los políticos se interesen por lo que piensan personas como las de mi familia.

Sí No No sé

C Mi familia no tiene nada qué decir sobre lo que hace el gobierno.

Sí No No sé

D Tanta gente vota en las elecciones que no importa mucho que se vote o no.

Sí No No sé

formación y a la cultura, los más urbanizados, etc., adquieren de inmediato y en cualquier circunstancia política un mayor sentimiento de influencia.[16]

No se puede intervenir sobre aquello que se ignora. El desconocimiento de un medio, el no poder predecir sus reacciones, no conocer

[16] Richard Centers, "Children of the New Deal: Social Stratification and Adolescent Attitudes", en R. Bendix y S. M. Lipset (eds.) , *Class, Status & Power,* Nueva York, The Free Press of Glencoe, 1953.

las reglas del juego en él practicadas son causas suficientes para no querer aventurarse en él. Por el contrario, comprender algo equivale a dominar las condiciones para empezar a modificarlo, rechazarlo o aceptarlo. Intervenir en la vida política requiere en primer lugar de un sentimiento subjetivo de competencia. Y eso, lo más difícil, es naturalmente lo que menos se da entre los niños.

Una vez más las escuelas privadas acaparan a los más competentes: partiendo, en el 5º año de primaria, de niveles sensiblemente iguales, el crecimiento de quienes han adquirido la base de la competencia –la comprensión del hecho político– se triplica en los establecimientos privados y sólo se duplica en los públicos. Ya se había visto que hay escolares más expuestos a y más interesados por la política: la familia, la escuela, los amigos son agentes creadores de este sentido de competencia. Por el contrario, los agentes socializadores políticos son mucho más escasos entre quienes van a las escuelas del gobierno. Resulta por demás interesante observar cómo la subida de un grupo competente no disminuye el número de quienes se sienten incapaces de entender lo que hace el gobierno: pasan de una incompetencia absoluta –no poder siquiera contestar la pregunta, no saber expresar su incompetencia– a reconocerla. Estas actitudes incluso aumentan de manera clara con ayuda de la escolaridad, la que proporciona los instrumentos para reconocer su falta de habilidad política.

El político, en los sistemas autoritarios, no es visto como un ejecutor de los mandatos populares; el político o es autónomo –el Presidente en este caso– o es dependiente de una instancia jerárquica superior –los diputados son ayudantes del Presidente. En esto es claramente el sistema político quien genera la incompetencia: sus misterios –el tapadismo, por ejemplo–, la ausencia de la crítica –en el mejor de los casos se da en la autocrítica o en la crítica de los funcionarios menores–, la brusquedad y lo inexplicable de las decisiones –los "sabadazos" son su forma extrema– acarrean un sentimiento de ineficacia y de incompetencia. Ahora bien, conviene insistir sobre cómo es el sistema político quien produce esta situación, pues el deseo de participar se muestra en el afán de hablar y de ser escuchados; se cree en un derecho a participar aunque no sea más que a través de la crítica, "sí se tiene algo que decir sobre lo que hace el gobierno", pero ¿cómo? Que esta creencia está muy extendida se ve en el cuadro 4.

Para algunos niños la manera de participar pasa por los partidos y los sindicatos, para otros por la influencia personal –y éstos suelen ser los más competentes subjetivamente, y quizás objetivamente.

La falta de ilusión sobre el sistema se refleja en la mediana creencia que se tiene en el valor del voto. En 3º de secundaria algo más de

Cuadro 4

INEFICACIA

	Escuelas	*5?P*	*6?P*	*1?S*	*2?S*	*3?S*
A	Públ.	47.4	54.4	56.3	65.9	61.9
	Priv.	58.0	57.4	55.9	65.5	56.3
B	Públ.	40.8	44.4	44.1	51.4	54.5
	Priv.	43.4	41.2	41.5	48.7	52.4
C	Públ.	50.8	54.2	44.1	41.4	30.9
	Priv.	45.1	44.9	31.4	31.4	16.0
D	Públ.	39.6	41.4	34.1	37.0	30.0
	Priv.	40.6	33.1	27.5	23.0	25.2

la mitad (55% en las escuelas públicas) y algo menos de las dos terceras partes (64% en las privadas) piensan que merece la pena ir a las urnas. Como en todo sistema autoritario —además de ser un rasgo psicológico infantil típico— se piensa cumplir con la ley: incluso los desilusionados piensan votar al llegar a la edad ciudadana. Se cumplirá con las funciones simbólicas.

En resumen, el autoritarismo y la ineficacia son actitudes dominantes entre los niños mexicanos escolarizados. No se confía en los demás, se piensa en términos individuales, se acepta el poder de un solo hombre y se admiran sus virtudes de mando, se ve el sistema político como un sistema jerárquico y se considera a la sociedad cerrada, con cada hombre situado en el lugar donde sólo su esfuerzo lo ha colocado. La ley no cuenta o cuenta poco, y desde luego no se participa en su elaboración: la ley *c'est le fait du prince.*

Frente a esta actitud autoritaria dominante se abren paso lentamente las actitudes democráticas: se confía en los demás, se atribuyen a causas ajenas a la fuerza o a la dejadez los fracasos de los hombres —aunque esto se piensa muy rara vez— y se quiere una sociedad abierta, donde el Presidente sea el ejecutor de la voluntad popular. Se quiere participar, pero esto no es fácil.

CAPÍTULO VIII

ASPIRACIONES SOCIALES, SISTEMA ECONÓMICO Y TECNOCRACIA

Los problemas universitarios de México aparecen configurados en la escuela primaria. Todos, o casi todos, quieren asistir a la universidad; la educación superior es la vía de acceso más directa hacia el cumplimiento de las aspiraciones infantiles.

En un mundo moderno, la habilidad (el *skill*) se antoja más importante que el dinero, y desde luego, de mayor prestigio. La antigua jerarquía de las profesiones sale trastocada como consecuencia del proceso modernizador: los hombres importantes de la sociedad en transición o abiertamente tradicional (el médico, el abogado, el notario, el militar) ceden el paso a los nuevos prometeos, a los técnicos, donde campea el ingeniero en la cúspide del prestigio. Nadie, en ningún grupo, se le va a acercar.

Si el ingeniero representa un punto culminante, las profesiones liberales, en conjunto, aplastan a todas las demás actividades humanas. Sólo, y bastante lejos, se sitúan los funcionarios que, para estos niños aquí vistos, se asimilan a una profesión, a la de maestro.

En una sociedad, como la mexicana, donde la repartición de la riqueza nacional se hace en abierto detrimento de obreros y campesinos, es de esperarse la falta de seducción de estas ocupaciones. Nadie, ni los hijos de los obreros y de los campesinos desean, ni por un momento, seguir en estas actividades. Como casi nadie quiere ser comerciante, artesano o militar.

Los factores hereditarios parecen no desempeñar una función importante: la profesión liberal debe su prestigio quizás a muchas causas, pero la más fácilmente perceptible es la escolaridad. Cuantos más años se han aprobado, es decir, cuanto más cerca se encuentra un alumno de convertirse en un estudiante, cuanto más cerca se ve a la universidad, más se ansía entrar en ella. A esto debe añadirse el proceso

Cuadro 1

¿Qué te gustaría ser cuando seas grande? [a]

Ocupación del padre		*Escolaridad*				
		5ºP	*6ºP*	*1ºS*	*2ºS*	*3ºS*
Prof. Lib.						
	Prof. Lib.	61.4	49.2	57.0	64.5	71.0
	Funcionario	13.6	12.7	19.4	8.1	9.7
	Empleado	4.5	10.9	2.8	1.6	0.0
Empresario						
	Prof. Lib.	42.2	80.9	70.0	38.7	74.0
	Funcionario	10.5	4.8	10.0	6.5	8.0
	Empleado	15.8	4.8	0.0	9.7	0.0
	Empresario	0.0	0.0	0.0	19.1	0.0
Empleado						
	Prof. Lib.	47.8	50.3	54.9	58.5	63.7
	Funcionario	10.6	12.3	16.9	15.4	11.6
	Empleado	16.6	11.6	11.3	4.6	7.0
Funcionario						
	Prof. Lib.	43.3	44.7	66.1	60.0	50.0
	Funcionario	22.7	23.4	18.6	12.5	17.5
	Empleado	11.4	8.5	6.8	0.0	15.0
Obrero						
	Prof. Lib.	32.8	33.5	53.9	52.1	59.1
	Funcionario	11.2	13.9	12.4	17.7	18.4
	Empleado	16.4	15.7	12.4	7.3	3.1
	Obrero	8.2	6.5	2.2	3.1	0.0
Campesino						
	Prof. Lib.	23.9	30.7	31.8	37.0	44.5
	Funcionario	20.2	20.0	19.5	24.0	16.7
	Empleado	17.4	17.1	9.8	5.0	10.2
	Campesino	2.8	2.1	2.4	2.0	0.9

[a] Sólo aparecen las contestaciones de los niños que eligieron: *profesión liberal, funcionario, empleado* y la ocupación del padre.

Nota: Las ocupaciones deseadas por los niños se codificaron en las siguientes categorías: *A)* empresario, *B)* comerciante, *C)* profesión liberal,* *D)* funcionario,** *E)* empleado, *F)* artesano, *G)* obrero, *H)* campesino,*** *I)* pequeño comerciante, *J)* otros, *K)* militar, *L)* político y *M)* no contesta.

* Se consideraron profesiones liberales todas las que exigen estudios universitarios superiores. Se incluyó a los Contadores Públicos y no a los privados.

** Los profesores de educación primaria quedaron incluidos entre los funcionarios.

*** En la categoría campesinos figuran los ejidatarios, los pequeños propietarios, los ganaderos y los jornaleros agrícolas.

de selección que ya se ha operado en 3º de secundaria, que ha eliminado (véase muestra) a gran parte de los niños procedentes de los estratos sociales menos favorecidos y, por lo tanto, concentra a quienes por su origen social tienen mayores posibilidades de acceder a las profesiones liberales.

Cuando los padres se ocupan en las profesiones de menos prestigio, se da una subida del deseo de ser, por lo menos, un empleado, un *white collar* y escapar al trabajo manual. Las esperanzas no pueden estar desligadas de la situación social familiar; así, cuando los niños se encuentran en 3º de secundaria, si son hijos de profesionistas liberales, en un 71 por ciento quieren seguir hacia la universidad y entrar en el mundo de sus padres; los hijos de los empresarios esperan lo mismo en un 74 por ciento; curiosamente no aspiran, al menos directamente a seguir los pasos de sus progenitores. La situación cambia cuando se observan las ambiciones de quienes proceden directamente de un medio de funcionarios, obreros y campesinos. Entonces sólo el 50, 59 y 45 por ciento respectivamente, quieren tener una profesión liberal; o quizás, sean más quienes lo deseen pero sepan también los inconvenientes que encontrarán en el cumplimiento de sus esperanzas.

En resumen, entre los niños encuestados domina de manera franca y clara el prestigio de las profesiones liberales y, dentro de éstas, el de las técnicas, encarnadas en la figura del ingeniero. Junto con este rasgo domina también la abierta preferencia por los trabajos no manuales —profesiones liberales, servicio del Estado, empleo en el sector terciario— y se manifiesta, en conjunto, un rechazo absoluto de los trabajos manuales —artesanía, agricultura y manufacturas.

Antes de continuar, se debe señalar cómo la escuela, a pesar de todas las reformas, orienta hacia las profesiones liberales y las enaltece, colocándolas en un plano muy superior al ocupado por los trabajos manuales. Resulta lógico que los niños se dirijan naturalmente hacia ellas, y más aún si sus padres están también afectivamente orientados hacia estas actividades.

Dado que casi todos los niños escolarizados quieren llevar más tarde su cuello blanco, su ambición individual sólo podrá llevarse a cabo en un medio que la permita crecer y mantenerse. La profesión liberal —su nombre lo indica— exige una sociedad liberal, de competencia abierta y de ascenso social y económico para quienes se esfuercen en él. El profesionista en un plano ideal, pide un sistema "meritocrático"; en el mundo moderno, técnico, los méritos sólo pueden caer en quienes sean "modernos" y dominen la técnica. Las ambiciones profesionales encuentran una correlación con el deseo de hallar una organización económica y social que las permita crecer libremente.

En un sistema económico moderno se podrían encontrar, para la mentalidad infantil mexicana, dos polos: en uno, superior, se encontraría el empresario, el hombre que dirige y decide en una fábrica, una compañía comercial, etc., movido exclusivamente por el lucro, por el afán de ganar dinero, y dueño irresponsable de su bien; en el otro, inferior, se encontraría el obrero, simple engrane en el proceso de producción, sometido a una voluntad superior en cualquier aspecto a la suya y a la cual en todo momento debe plegarse. Debido a la importancia legitimadora del sistema del sector estatal de la economía mexicana, se ha introducido este tercer elemento capaz de perturbar las relaciones simples, dicotomizadas, de la visión infantil del mundo del trabajo.

Puestos frente a estas imágenes relativamente simplificadas del sistema económico-social mexicano, los encuestados empiezan por agruparse en una idea: los obreros no deben dirigir las fábricas. Varias causas pueden advertirse en el origen de esta opinión. Primero, la falta de simpatía por el socialismo, cosa advertida en el rechazo de los países socialistas (véase capítulo V) o por los comunistas, vistos como individuos (véase capítulo II), por la presencia de la actitud tecnocrática que permea la posición de casi todos los niños. Es probable que no se trate sólo de una posición puramente política, sino que esté presente una concepción de la división del trabajo, en la cual no corresponda al obrero —por falta de competencia técnica— la dirección de una fábrica.

Un mejor conocimiento de la especialización en el mundo del trabajo, aportada por una mayor escolaridad, refuerza esta actitud. Incluso entre los hijos de los obreros se encuentra plenamente confirmada en secundaria. Conviene subrayar cómo sólo entre los hijos de campesinos situados en 5º de primaria los partidarios de ver a los obreros al frente de las fábricas superan a quienes piensan lo contrario. Los niños con mayores posibilidades de ser los futuros directores de las empresas, los situados por su origen social en lo alto de la escala, como resultan ser los hijos de los profesionistas y de empresarios, se manifiestan aplastantemente en contra de la gerencia obrera, mucho más que los hijos de los obreros o de los campesinos.

De la misma manera que se niega a los obreros la dirección de las empresas, se niega a los empresarios la capacidad de dirigir sus empresas sin más motivación que el lucro. Esta opinión no tiene un origen tan temprano como la antes vista: para los más pequeños (primaria) la imagen del hombre aislado, del empresario de las primeras fases de la industrialización, del *self-made man* es dominante. Sólo de manera muy tardía, en los últimos años de secundaria, empiezan a pensar los niños de otra manera, a negar el valor absoluto de quien persi-

Gráfica 1

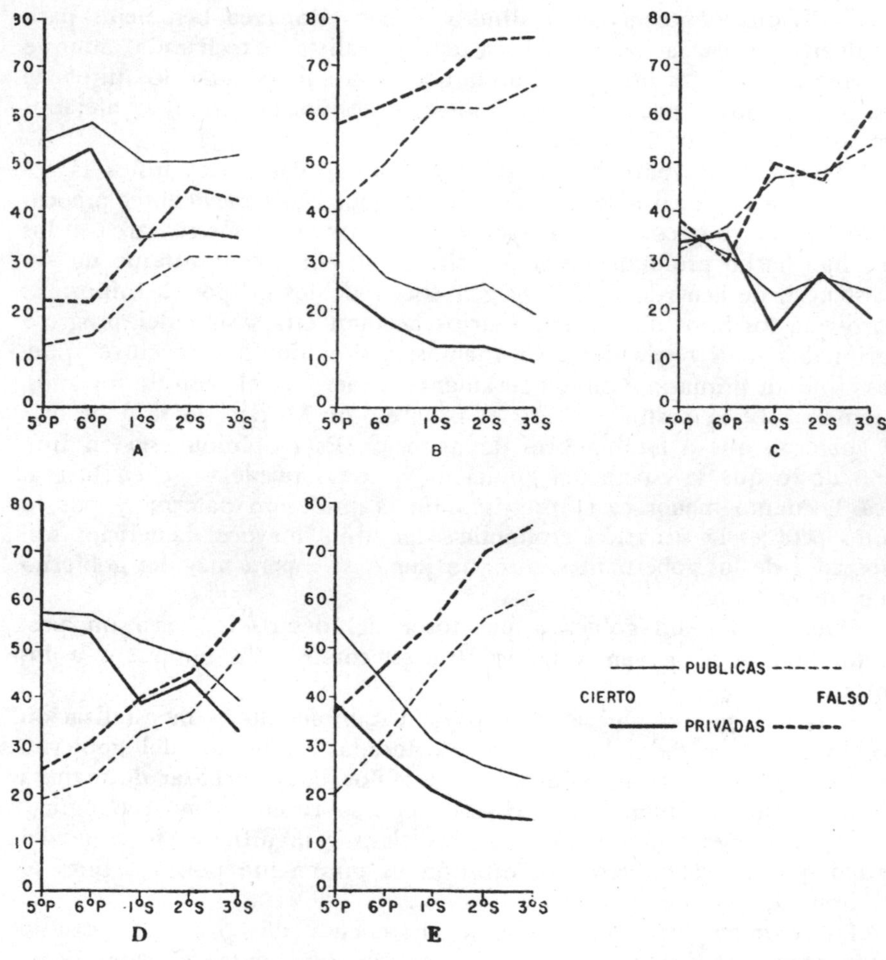

A El progreso de México se debe más al gobierno de los hombres de negocios
Cierto Falso No sé

B Los obreros deberían dirigir las fábricas
Cierto Falso No sé

C El gobierno es incapaz de manejar bien una industria
Cierto Falso No sé

D Sólo un hombre que busque ganar dinero es capaz de fundar y dirigir una industria
Cierto Falso No sé

E Todas las empresas deben estar en manos del gobierno
Cierto Falso No sé

gue individualmente el ganar dinero y, con ello, crea beneficios para los demás. O sea, la imagen clásica del capitalista es rechazada, aunque conviene insistir, es una posición tardía, sobre todo entre los hijos de los empresarios y entre los campesinos, estos últimos los más alejados del mundo industrial moderno.

Ni capitalismo puro ni autogestión obrera. Para estos niños la solución anda por otro lado. La idea de un gobierno benevolente, preocupado por el progreso de sus gobernados, superior en esta tarea a los que han hecho profesión de ganar dinero, se abre paso, aunque no sin resistencia, de acuerdo con el origen social de los grupos de niños. Es claro que los hijos de los empresarios aceptan esta visión del progreso nacional sólo a regañadientes. Además, visión dominante entre quienes estudian primaria, tiende ligeramente a caer con el paso de los años, mientras sube la postura crítica: el progreso de México *no* se debe más al gobierno que a los hombres de negocios. Esta opinión está en función de lo que se espera del gobierno y, como puede verse en la gráfica 1, cuanto menor es el prestigio de la profesión paterna y por lo tanto peor es la situación económica del niño, mayores beneficios son esperados de los gobernantes, aunque jamás se espera más del gobierno que de la familia.

Queda, pues, un gobierno promotor del desarrollo, pero un promotor al que se le van a poner límites, como a los obreros y a los empresarios.

Si la autogestión obrera es rechazada, también lo es la estatización absoluta. El ver todas las empresas colocadas en manos del gobierno es algo que, con el paso de los años, los niños van a rechazar de manera clara y rotunda; ninguna de sus opiniones sobre el sistema económico-social va a poseer una tendencia más clara y manifiesta, se trate del grupo que se trate. Pero esta opinión es puramente política, pues al gobierno le consideran un buen gestor.

En resumen, los escolares mexicanos encuestados para este estudio están contra la dirección obrera de las fábricas, contra el capitalismo puro, contra la estatización absoluta. ¿Por qué? ¿Qué tipo de mundo desean?

La contestación, la actitud dominante entre ellos puede hallarse en los rechazos antes señalados vistos a través de sus esperanzas. La gran mayoría desea alcanzar un título universitario y, como ya se vio, dominan quienes se orientan hacia las carreras técnicas. Para el técnico —o simplemente el universitario calificado— resulta difícil ascender en un sistema económico estatizado al máximo —las oportunidades están reguladas por el Estado—, donde la profesión liberal se convierte en una función previamente establecida: el profesionista se transforma en funcionario y pierde con ello su adjetivación liberal. En un sistema de autogestión obrera, para los niños una sociedad donde los obreros dirigieran las fábricas sería lisa y llanamente una sociedad comunista o socialista, y es una sociedad que en ningún momento aceptan, es una sociedad donde el papel del profesionista quedaría reducido a una postura subordinada y sobajada. Ya no sería el hombre excepcional de los países industriales modernos, cosa que ellos quieren ser. Y algo parecido sucede con un capitalismo sin freno, donde el empresario no tendría control alguno. Entre esas negativas se confirma el papel del Estado (para ellos el gobierno), motor del desarrollo, gerente capaz (¿pero quién es el verdadero gerente sino el profesionista al servicio del Estado?), aunque sus capacidades no deben excederse hasta abarcar todo el mundo que se abre ante los niños. La duda en este sentido es manifiesta: cuanto mayores son más piensan en la función del hombre de negocios.

Todo esto depende en gran medida de antecedentes familiares, pero también de la escuela, la cual discrimina desde un punto de vista social porque previamente los niños están discriminados desde un punto de vista económico. De ahí que las tendencias observadas estén aún más marcadas (las actitudes se desarrollan antes) entre los escolares de los establecimientos privados, y sean más reticentes frente a la intervención del Estado en la economía.

El deseo de lograr una profesión liberal conduce a desear un sistema democrático "abierto" y el sistema democrático abierto conduce a la tecnocracia pasando por la meritocracia. A lo largo de este sinuoso camino las reacciones frente a las diferentes instituciones políticas van a depender de las metas finales que se desean alcanzar.

Ya se ha visto cómo (capítulo III) la autoridad, el poder dentro de las normas, recae en el Presidente y sólo un accidente histórico disminuye al elegido para ejercer esta autoridad. Es cierto que un trauma infantil puede engendrar una actitud frente a una institución política, pero, en el caso de que se trata en este momento, parece dominar entre los niños la actitud puramente tecnocrática, y ésta necesita una autoridad unívoca y personalizada. Independientemente de la orientación afectiva, cuanto mayor es el status infantil y mayor la información, mayor se ve el poder del Presidente.

El tecnócrata (y los niños escolarizados en México son tecnócratas en cierne) exige un mundo de relaciones seguras, normadas, un marco de referencia al cual remitirse y que, a la par, le sea favorable. Por ello el Presidente —el *benevolent leader* de Fred I. Greenstein— garantiza la continuidad de su mundo y se le condena cuando agrede, saliéndose de su papel de "mantenedor del orden", a los iguales del niño: los estudiantes. Las opiniones sobre el Presidente son tanto más condenatorias cuanto más afín a las profesiones liberales, más cerca de ellas, por origen y status, se siente un escolar, y más cercano sintió el ataque.

El futuro tecnócrata, el niño que busca ser el dueño de la técnica, ansía una sociedad sin trabas políticas a su actividad y, al ser éstas consideradas como una necesidad, supone el niño que lo mejor es que el gobierno las establezca. Reconoce el valor de los sindicatos y de los partidos sin querer ni por un momento entrar en ellos. El tecnócrata es por vocación y destino "liberal para sí"; las instituciones políticas de encuadre se reconocen necesarias pero no se quiere participar en ellas, pues sus exigencias —en su condición— son más una traba que una ayuda. Muy por el contrario, quienes se sienten conducidos por su falta de escolaridad hacia el trabajo asalariado —y no necesitan decirlo, su retraso escolar es más locuaz que los deseos expresados— sí ven en esos partidos y sindicatos una posibilidad de escapar al dominio de los "preparados": la participación puede ayudar a superar al saber técnico.

Autoridad y democracia son pues dos factores indispensables en la sociedad tecnocrática, aunque la influencia tenga un solo origen. El tecnócrata influye sobre la autoridad y se siente creador de la misma, pero sólo muy a medias se siente sometido a sus dictados: de hecho se considera —y es considerado— el conformador social, el creador de la modernidad, el dominador de las condiciones sociales. Cualquier impedimento (partidos, sindicatos, parlamentos, medios de comunicación), es su enemigo en la medida que coarta su acción y su aliado en la medida que crea el medio neutro, controlado y homogéneo, donde puede actuar. Este medio necesita eliminar la autogestión obrera —el ingeniero sabe más que el obrero—, al capitalista puro —el ingeniero sabe más que el capitalista—, la estatización absoluta —el ingeniero sabe más que el político profesional—; y en cambio niega que el progreso del país se deba más al gobierno —a los políticos—, que a los hombres de negocios y considera que el gobierno puede ser un buen empresario: ¿porque las empresas del Estado son dirigidas por ingenieros, abogados y contadores?

¿Democracia o meritocracia? La democracia va cargada de una orientación afectiva tal que los niños no dudan en fundirla en un todo nacionalista y atribuírsela a su país de nacimiento. Es un ornato más pese a las continuas advertencias de los gobiernos mexicanos sobre la perfectibilidad de sus formas nacionales, y, además son pocos, poquísimos, quienes creen en la ley, en su creación por los ciudadanos. Rara vez, o nunca, se ve entre los lados positivos del Presidente el aplicarla: se le observa inaugurando obras —un niño en Oaxaca le reprocha a Díaz Ordaz no haber hecho el metro en su ciudad, y las presas, estadios y carreteras son consideradas virtudes presidenciales por parte sobre todo de quienes las utilizan y no las imaginan y diseñan— y mandando. Todo consiste, pues, en estar del lado técnico, creador, imaginativo y responsable de la sociedad; ser un *decision-maker,* incluso un *political decision-maker* y no un "súbdito", por seguir las categorías de Almond y Verba. Y, para alcanzar ese status, el camino más corto pasa por la universidad y el dominio de la técnica.[1] El dominio político se da por añadidura.

[1] En un excelente trabajo, Peter Smith da los siguientes consejos a un joven mexicano que quiera entrar en la política: *1)* Logra una educación universitaria, y si es posible lógrala en la UNAM. La educación universitaria es un requisito casi absoluto para ser admitido en la élite política nacional y de manera especial en la parte superior de la élite, y la UNAM es un lugar magnífico para establecer contactos con otros aspirantes a entrar en la política... *3)* ... Posteriormente trata de evitar el ciclo de los cargos que implican puestos en los gobiernos municipales, en los sindicatos y en los escalones intermedios del PRI. "La movilidad política en México", *Foro Internacional,* vol. XV, nº 3, 1975, p. 407 *s.*

CONCLUSIONES

"LA SOCIALIZACIÓN, en su sentido más general, es la adquisición de disposiciones hacia el comportamiento que son valuadas de manera positiva por un grupo, y la eliminación de disposiciones hacia un comportamiento que es valuado negativamente por el mismo grupo." [1] Cómo se adquieren esas normas ha sido el campo de estudio más arduo para quienes han hecho de la socialización política su campo de estudio. Sería inútil resumir aquí la obra pionera y maestra de H. Hyman,[2] añadiéndole los datos, conclusiones, teorías e hipótesis aparecidos después de su publicación. Pero, resumiendo con una atroz falta de consideración para quienes sobre estos problemas han trabajado, se puede decir que la familia, la escuela, el grupo de iguales y los medios de comunicación de masas son los agentes socializadores fundamentales, junto con los partidos y las organizaciones formales parapolíticas. Estos agentes son quienes transmiten las normas que el niño debe interiorizar; y no sólo las transmite sino que obligan al niño a aceptarlas, asumirlas y convertirlas en una parte consustancial de su naturaleza. Los ciudadanos se forman; ni nacen hechos ni se hacen solos. Todo el proceso cultural se orienta para insertar al individuo en su sociedad.

Ahora bien, la gran mayoría de los estudios sobre la socialización se han hecho en los países anglo-sajones en particular y en las democracias industriales en general, y eso ha llevado a minimizar el papel del Estado, como agente directo, en este proceso. Sólo algunos trabajos se han realizado en regímenes autoritarios [3] y, conocidos, no hay ninguno sobre los regímenes totalitarios, que sea resultado de una encuesta. Pero en México, régimen autoritario, el Estado pretende tener un papel

1 Robert Levine, "Political Socialization and Culture Change" in Geertz, Clifford (ed.) *Old Societies and New States. The Quest for Modernity in Asia and Africa*, Nueva York, The Free Press, 1963, p. 280.

2 *Op. cit.*

3 Gino Germani, "La Socializzazione politica dei giovani nei regimi fascioti: Italia e Spagna", *Quaderni di Sociologia*, 18, enero-junio 1969, p. 1158.

regulador decisivo en el proceso educativo y, más allá de la educación, en el proceso socializador, en la formación de la cultura política de los futuros ciudadanos. El verbo pretender, en este caso, no ha sido producto del azar. Los gobiernos mexicanos no han logrado una socialización uniforme de los niños: la estructura social, su diferenciación y cristalizaciones progresivas, lo han impedido. Constitucionalmente la educación primaria es obligatoria y laica; más allá no queda sino la vigilancia del Estado, cada día más relajada y vaga. Los agentes socializadores disponen, pues, de una latitud cada día mayor, dada la imposibilidad del Estado de cumplir las obligaciones que él mismo se impuso.

No se trata sólo de las dificultades encontradas en el campo de la economía —el no poder dedicar a la educación una parte del presupuesto capaz de cubrir todas las exigencias de los programas educativos— sino de las resistencias presentadas por los grupos sociales en desacuerdo con la educación impartida en las escuelas del Estado. La restricción en las entradas del sistema escolar pueden tener causas económicas o ser restricciones debidas al Estado —falta de escuelas—. La política sigue siendo "la distribución legítima de los recursos escasos". En un sistema autoritario no dispone el Estado de todos los recursos. Hay grupos capaces de disponer sus propios recursos. Estos grupos piden —y en algunos casos pagan— una educación diferente, consonante con su cultura y sus ambiciones. Su cultura, en especial su cultura política, no coincide, a veces ni parcialmente, con la cultura política ideal del Estado. El compromiso era, pues, obligatorio incluso para alcanzar uno de los fines perseguidos por la socialización política, quizás el más importante de todos: el mantenimiento del sistema político. Intentar imponer una educación común, sin la menor diferencia, a todos los grupos sociales, sólo puede pasar por la instauración previa de un régimen totalitario. La conservación de un régimen autoritario pedía —y pide— la exención de la aplicación de las normas generales a grupos cuya resistencia podría convertirse en un elemento disruptivo general del sistema y estos grupos han ido creando sus escuelas, correspondientes a su cultura. Y no sólo sus escuelas, sino además sus periódicos, sus revistas, su T. V., y en general, su "medio".

Un segundo punto decisivo es la no escolarización de grupos muy amplios de niños, y la escolarización parcialmente restringida. Dejando de nueva cuenta a un lado los problemas económicos del Estado, éste —quizás involuntariamente, pero está dentro de la lógica del sistema— no puede conducir a todos los niños hacia las formas intermedias y superiores de la educación y de la cultura sin poner en peligro su equilibrio interno e incluso su propia existencia. Acceder a la educación y a la cultura, aun en sus escalones más bajos, es poner el pie donde se aprende a expresar demandas, articularlas y transmitirlas. La escuela se convierte pues en un proceso de selección y, por consiguiente, de formación de élites.

No todos los grupos sociales de la nación tienen la misma idea de qué es un individuo de élite. Es más, cada grupo piensa en un sistema de formación de élites diferentes. El Estado mexicano por lo tanto ejerce un papel doble: por un lado, es un agente socializador fundamental y directo; por otro, es un agente de control —de mayor o menor eficacia— de los agentes socializadores independientes o semiindependientes. Los resultados del proceso de socialización en México corresponden a esta interacción entre el Estado, las escuelas y los grupos sociales.

Los grados de intervención del Estado en el proceso de socialización varían con el tipo de agencia socializadora. Si sobre la familia no se puede influir sino de manera indirecta (medios de comunicación de masas, control cultural en general), el influjo sobre las organizaciones voluntarias y en México es mucho mayor. La ley establece para los partidos la obligación de aceptar las normas constitucionales y los principios democráticos; los sindicatos están igualmente sometidos a principios de organización dictados por el poder; el control de los medios de comunicación corresponde a varias agencias del gobierno.

Los padres son, al menos en los sistemas democráticos, los agentes más importantes. Dean Jaros señala cómo, en los Estados Unidos, "las imágenes del Presidente están enraizadas en última instancia en el ambiente paterno. Que las orientaciones de los niños hacia la autoridad social en cierta manera se refieren a (están en relación con) sus interacciones con sus padres es un lugar común" y las orientaciones generales hacia el sistema dependen en gran medida de las relaciones padres-hijos. La herencia de las actitudes no es total; no todo cuanto corresponde a los padres pasa íntegramente a los hijos: las herencias son modificadas por factores sociales, ambientales y propiamente políticos. Pero, en conjunto, las actitudes de los padres terminan por encontrarse en los hijos, a menos de que éstos cambien por completo su asiento social.

Si a principios del siglo se creyó en una caída de la influencia de la familia de la que se beneficiarían otros organismos como las organizaciones escolares, los grupos de iguales o incluso los medios de difusión, si bien estos organismos tienen una importancia cada vez mayor, la familia ha sabido también adaptarse al cambio y su papel sigue siendo muy importante.[4] En el proceso de socialización su poder es tanto más grande cuanto que las actitudes interiorizadas primero, son las más enraizadas y tienen más oportunidad de perdurar.[5]

La socialización familiar no es pues directamente controlable —los niños norteamericanos empiezan su aprendizaje político a los tres años—, como lo es la escuela. Los regímenes políticos podrían definirse por su relación con la escuela: desde los regímenes totalitarios donde ni la menor parcela del mundo de la educación ya sea de los niños, ya de los adultos, se escapa al dominio del Estado —el hombre pertenece al Estado desde la cuna a la sepultura, decía Mussolini—, hasta los regímenes donde el Estado pretende no intervenir en la educación y deja ésta en manos de las autoridades locales y, si cabe, permite la formación espontánea y anárquica de los centros educativos, y su papel se limita a un lejano control. El mejor gobierno sería en este caso, el que gobierna menos, como pensaban los liberales del siglo XIX, y algunos del XX.

Los sistemas autoritarios se muestran indecisos en este campo: en general permiten un grado de libertad mucho mayor a quienes apoyan al régimen —a los grupos incluidos— que a quienes militan en la oposición. En un sistema autoritario como el mexicano la familia tiene una latitud gigantesca —en caso de pertenecer a las clases medias o superiores— para orientar la parte del proceso de socialización que se lleva a cabo en la escuela. "...el contenido de la enseñanza es una elección del adulto. La escuela es una institución social cuya función es proporcionar a la sociedad los hombres que necesita. Es pues dependiente de la sociedad que la crea. En función de la meta que se propone alcanzar, opera una elección en la realidad social. Llega incluso a deformar algunos hechos para que puedan responder a las supuestas necesidades del niño".[6] Si el texto de S. Mollo expresa una verdad evidente —la escuela forma a los hombres que necesita una sociedad—, la escuela atiende también, y los capítulos anteriores lo han parcialmente mostrado, a las diferencias sociales, junto con todos los demás agentes socializadores. Evaluar su influencia en la formación cívica y política de los pequeños mexicanos sólo puede lograrse por la observación de los resultados; distinguir su parte sólo ha podido lograrse en algunas ocasiones. Por ejemplo, para los hijos de los obreros y campesinos, incapaces de hallar en los padres y hermanos la información indispensable es, a pesar de su baja ponderación, un factor indispensable para

4 Dumazier et Ripert, *Loisir et culture*, Paris, Seuil, 1966.

5 Hyman, *op. cit.*, p. 17.

6 Suzanne Mollo. "Participation de l'école a la formation culturelle de l'enfant" *Images de la culture*, p. 53.

el aprendizaje político. En la escuela se encuentra el maestro y, en muchos casos —por desgracia no se pudo saber en cuántos— el grupo de amigos, la palomilla, donde a veces se habla de política. Los grupos económica, social y culturalmente superiores tienen una multiplicidad de fuentes de información y de formación muy superiores donde dirigirse: la cultura también es un recurso escaso.

Los resultados han quedado a la vista: en las escuelas privadas los alumnos tienen un nivel de información superior al de los alumnos de las escuelas públicas. Y, sobre todo, esta información les llega antes y, por consiguiente, quedan capacitados para intervenir también antes en la vida política. No se quiere decir con ello que sea sólo la escuela quien proporcione esta información: se produce un efecto acumulativo donde participan la familia, los medios de comunicación, los amigos o sea el ambiente social donde confluyen todos los agentes.

Cada escuela —pública o privada, laica o religiosa— ayuda a imponer un juego de actitudes que, si bien tienen una base común, la cultura política nacional, ofrece también una marcada variedad.

Los héroes son comunes, la Revolución es casi universalmente aceptada, la visión general del sistema político nacional (libre y democrático) es ampliamente compartida. Pero las diferencias surgen tan pronto como se empiezan a desglosar los juegos de actitudes. El Presidente que en ese momento ocupaba el cargo era violentamente criticado por los grupos directamente afectados por su acción, sin que por eso se pusiera en duda de manera global la función del cargo. Las ambiciones y esperanzas no difieren cuantitativamente mayor cosa y, sin embargo, las diversas instituciones políticas son vistas como una vía de promoción social por algunos grupos —obreros y campesinos, si de partidos y sindicatos se trata— y por otros no.

La cultura política común se fracciona y surgen las subculturas de fronteras borrosas e inciertas, que se interpenetran en amplias zonas. La fusión de sus zonas marginales permite el funcionamiento y la permanencia del sistema político, como también es un importante factor de estabilidad las rupturas en el interior de los grupos sociales, la división de las subculturas. Si los hijos de los profesionistas liberales cayeran sin excepción dentro de los niños provistos de actitudes democráticas y los de los obreros no tuvieran más que actitudes autoritarias, hace tiempo que el sistema hubiera dejado de funcionar. Las actitudes, más exactamente los juegos de actitudes, son dominantes dentro de un conjunto social determinado sin ser exclusivas. Además, los juegos de actitudes, al menos en el universo observado, no son congruentes más que en el plano de la estadística, como tendencias de un grupo, y no como radiografía exacta de todos y cada uno de los niños por él abarcados. Entre la actitud individual y las actitudes colectivas se plantea el problema mismo de la ciencia política.[7]

Los perfiles políticos

En México se da una cultura política común. Sería "el plano de los símbolos afectivos, cognitivos y conativos que ponen al individuo en relación con el mundo (en este caso político), la sociedad y consigo mismo en una civilización dada".[8] Dentro de esta cultura se podrían encontrar en sus márgenes más alejadas algunos estereotipos que, a pesar de sus rasgos burdos, no coincidirían con los niños de otras naciones de sistemas políticos análogos al de México. Estos estereotipos están conformados por la cultura política mexicana, que ni es homogénea, ni es unívoca en sus partes más elaboradas, en lo que correspondería a la superestructura de la superestructura.

Podrían distinguirse tres perfiles: el del ciudadano participante, el del ciudadano "sujeto" y el del parroquial o enajenado, si se siguen las categorías de Almond y Verba.

Puede verse, en primer lugar, a un niño que participa de un mundo cultural amplio, cosmopolita y urbano. Su padre será un profesionista, un hombre de empresa o un alto funcionario. Asistirá a una escuela privada —en caso de estar muy interesado por la vida política se tratará de una escuela laica, además de privada— situada en el Distrito Federal, donde vive. Tiene 14 años recién cumplidos y cursa 3º de secundaria; espera ser ingeniero. Se manifiesta juarista y su nacionalismo le lleva a expresar su antipatía por Maximiliano. Cree que la Revolución ayudó a los obreros y a los campesinos, considera que todos los mexicanos han sido favorecidos por el movimiento de 1910 y, cayendo en la incongruencia, dice que este movimiento dañó a la gente bien. Identifica a todos los partidos, a todos los políticos del cuestionario y claro sabe el nombre del Presidente y el del ex Presidente. No sabe en cambio que hay cuatro partidos en la Cámara, pero conoce el nombre del jefe del Partido de Acción Nacional: está en el 8 por ciento que lo sabe. De vivir en algún país que no fuera el suyo, eligiría Francia.

Al Presidente le reprocha su actitud para con los estudiantes y, pese a ello, piensa que todos los mexicanos deben obedecerle, como cree también que todos deben someterse a la ley, aunque sea injusta. Los sindicatos son para él organizaciones de defensa de los obreros frente a los patronos —al no pensar ser patrono, no tiene inconveniente en

7 Lucien Pye, y Sidney Verba, *op. cit.*, introducción, p. 9.
8 Dumazier et Ripert. *Op. cit.*, p. 33.

reconocerlo— pero como no piensa ser obrero, tampoco piensa entrar en uno. Los partidos deben ser controlados por el gobierno y nombrar a sus líderes; tampoco piensa afiliarse a uno de ellos.

Para él ni los obreros deben dirigir las fábricas ni el Estado debe ser dueño de todas las empresas, ni supone al gobierno incapaz de dirigir una industria; niega que sólo el afán de ganar dinero permita fundar y dirigir una industria; en cambio tiene sus dudas sobre a quién debe más el país, si a los hombres de negocios o al gobierno.

Tiene confianza en los demás —los demás son su familia y sus amigos—, pero no comprende el fracaso si no es por la pereza. Sabe que los políticos escuchan a su padre y ha oído a su padre criticar violentamente al gobierno —para el cual ha trabajado. No se hace ilusiones sobre el hecho de votar —para él las elecciones están arregladas de antemano por el gobierno— pero dice querer votar (los *mass media* entran en conflicto con lo que oye en casa o en el patio de la escuela).

En su mundo la autoridad, aunque injusta o violenta, es necesaria. La falta de autoridad es la anarquía —con frecuencia ha oído alabar la estabilidad política de México, sobre todo cuando los periódicos han hablado sobre el último golpe de estado en la Argentina. Esta autoridad debe ser limitada, aunque no sabe por quién; ha oído con frecuencia decir la triste situación en que Castro ha puesto a Cuba o el terror que impera en la Unión Soviética, con su monstruoso igualitarismo. Por eso piensa en la necesidad de convencer a los comunistas de lo erróneo de sus ideas. Quizás su primer impulso fuera fusilarlos o expulsarlos: las clases de historia y de civismo le han convencido de la necesidad de la tolerancia y por ello se ha refrenado a la hora de contestar. No duda en señalar a la URSS como el enemigo de México y, sabiendo que Cuba es un satélite, se niega a considerarla un país enemigo —al fin y al cabo forma parte de la América Latina.

La autoridad es necesaria y la libertad, en México, existe. Entre esta autoridad y esta libertad se funda la visión de su porvenir: la autoridad es la garantía de la continuidad de su ambiente, lo que le hace seguro y predecible; la libertad es aquello que le ayuda a moverse entre los obstáculos para alcanzar su meta: ser un ingeniero, dirigir una fábrica, ganar dinero, viajar. En su mundo la autoridad no debe ser un inconveniente para quienes buscan un mejor porvenir para México. El Presidente la ejerce pero debe ir orientada en favor de estos hombres, entre los que tiene la seguridad de llegar a estar, como ahora está su padre, y él sabe cómo sus éxitos se deben a sus esfuerzos. Al menos así se lo ha dicho. Saber y esfuerzo, conocimientos técnicos y participación política —fuera de partidos y sindicatos—, son las componentes esenciales de la visión política de este tecnócrata en ciernes.

El siguiente sería hijo de un funcionario de la presidencia municipal de Guadalajara. Su madre trabaja en una empresa del gobierno, como taquígrafa-mecanógrafa. Estudia 1º de secundaria en una escuela del gobierno. Tiene 13 años. Acaba de entrar en la escuela y está bastante desconcertado: sus amigos no pasaron con él a secundaria. Quiere ser ingeniero pero abriga, a los 13 años, algunas dudas.

Habla de política con sus padres, pero en la escuela no: apenas conoce a los maestros y a sus nuevos compañeros.

Conoce incluso de vista al Presidente Díaz Ordaz, y sabe que el Presidente anterior fue López Mateos. Ha oído hablar del general Lázaro Cárdenas, de Madrazo y de Corona del Rosal. Pero no sabe si Christlieb Ibarrola y Ortiz Mena son políticos. Identifica a los cuatro partidos nacionales e incluso a la Unión Nacional Sinarquista. Para él los diputados pronuncian discursos, porque vio a un candidato en un mitin.

Del Presidente aprecia su capacidad para hacer obras. Piensa que todo el mundo debe obedecer la ley y que la función del Presidente es conservar el orden. Según él, el gobierno debe nombrar a los líderes de los partidos y además debe guiarlos; por lo demás, así ocurre. Lo que más le llama la atención en los sindicatos es la corrupción de sus líderes. Por eso, no quiere entrar ni en un partido ni en un sindicato.

Los obreros no tienen por qué dirigir las fábricas ni el gobierno tiene por qué ser dueño de todas, aunque reconoce que el progreso de México se le debe más a él que a los empresarios. Ignora, en cambio, si sabe dirigir una fábrica, como también ignora si sólo los empresarios pueden fundar industrias.

Sus actitudes hacia los demás son negativas. Su situación, y los consejos de sus padres, le hacen vivir en una desconfianza absoluta hacia los demás. Quien fracasa es porque lo merece. Aunque habla de política confiesa que con frecuencia no entiende lo que su padre dice —no sabe, con excepción del Presidente y del gobernador, quiénes son elegidos. No cree que los políticos se interesen por su familia pese a que su padre tiene ideas que expone frecuentemente de cómo se debería gobernar. Merece la pena votar y piensa hacerlo.

Para él los comunistas no tienen cabida en México y Cuba y Rusia, por ser comunistas, son enemigos de su país, que es libre y democrático, como los Estados Unidos, el mejor amigo, y donde viviría de buena gana, porque allí sí podría estudiar y encontrar un buen trabajo.

La Revolución ayudó a los obreros y a los campesinos, dañó a la gente bien, duda y se calla ante afirmar que todos los mexicanos salieron beneficiados y asegura que sólo sirvió a quienes la hicieron. No advierte la incongruencia de sus respuestas, para él perfectamente lógicas.

El tercer estereotipo correspondería a un escolar de origen obrero, de trece años, cursando el 6º año de primaria en una escuela de Toluca. Su información política gravita en torno al Presidente y al PRI, de quienes sabe al menos todo cuanto figura en el cuestionario. Pero una figura muy importante para él es el gobernador de su estado y conoce, aunque no sea más que de vista, al presidente municipal. Figuras conocidas para él son Corona del Rosal y Madrazo: en Toluca se lee la prensa del D. F.

Su mundo político es fundamentalmente autoritario, aunque esta concepción tiene algunas fallas. Para él el Presidente debe mandar y además debe ser obedecido: sin orden no se puede progresar. Pero por eso no entiende muy claramente el problema estudiantil y está dispuesto a ver en los estudiantes algo así como un nuevo poder político. En su autoritarismo el anticomunismo tiene un papel importante, porque en las pocas conversaciones políticas que tiene con su padre, la antipatía por los comunistas es clara. Tampoco siente simpatía grande por el partido, omnipresente en casi toda su vida: equipo de futbol, obsequio de libros, excursiones, etc.; el partido para él no es sino un apéndice del gobierno y en última instancia ayuda sin molestar demasiado. Todos sus amigos en la escuela hablan mal de la política y de los políticos, aunque terminan por asistir a actos políticos cuando se les pide.

Su confianza en la ley es mínima, como mínima también es su confianza en los demás. Sabe que la competencia será muy seria a partir de 1º de secundaria y que muy pocos llegarán a la universidad. Su ilusión es ser médico y sin embargo de su ilusión adivina el porvenir que le espera: lo más probable es que se quede en el camino. Lo que sí no quiere es encontrarse en la situación de su padre. Para evitarlo lo mejor sería orientarse pronto hacia la escuela normal de maestros, hacia donde han ido muchos de sus amigos. Además, de esas escuelas salen buenos políticos a través del sindicato. La otra solución sería trabajar en los Estados Unidos. El inconveniente está en que no quiere salir de su país, porque aquí vive su familia y además no sabe hablar inglés. Por si esto fuera poco los Estados Unidos son una nación racista, cosa que México no es, pero los Estados Unidos son el país más rico del mundo y todos quienes allí trabajan están bien pagados. Hablar mal de los gringos es cosa de comunistas y por eso se suele guardar para sí sus ideas sobre aquel país.

Hijo de obrero, temeroso de ser obrero un día, sabe que pese a todos los inconvenientes que aún rodean al mundo del trabajo éste ha mejorado gracias a la Revolución, a los sindicatos, al "Partidazo" –como dice su maestro— y a los Presidentes revolucionarios. Por todo ello, está conforme y temeroso, buscando la rendija por donde pueda escaparse solo hacia una vida mejor que la de sus padres. Su visión final es la de un mundo político ordenado, donde los más inteligentes son los que triunfan.

El poder está en manos del Presidente e influyen de manera "regular" los ricos, los estudiantes y los sindicatos; poco los periódicos, las empresas; nada los ciudadanos y la Iglesia.

Su visión de México es autoritaria, nacionalista, anticomunista y modernizante —no moderna a carta cabal; es moderadamente católica— se declara poco religioso porque no siempre va a misa.

En el conflicto se abstiene y pone a Morelos como su héroe. En la escuela ha oído cantar las glorias de Juárez pero en su casa las de Porfirio Díaz; Cortés le resulta antipático y Maximiliano le cae de plano "gordo"; puesto a elegir entre los dos últimos, se inclina a condenar al segundo, más extranjero que el primero.

Su mundo es inseguro: ante él se levanta la barrera de la Universidad. Confirmará o cambiará sus opiniones —pero no sus actitudes, al menos de momento— si logra entrar en la escuela de ingeniería. Como la Universidad está en un estado desastroso, piensa en una universidad privada. El problema es que son cuatro hermanos, casi de la misma edad, y todos quieren ser profesionistas.

El cuarto estereotipo se situaría en Tabasco. Tiene 15 años y estudia 5º de primaria. Su padre es peón; su madre trabaja en la casa. Asiste a una escuela pública y espera ser maestra el día de mañana.

Conoce el nombre de Díaz Ordaz y el de López Mateos; sabe que el PRI es un partido y sabe también que Díaz Ordaz fue candidato del PRI. Ignora todo sobre las elecciones de senadores, diputados y gobernadores y cómo llegan al poder. Excepto que el PRI es un partido tampoco sabe nada sobre las organizaciones políticas y sobre sus líderes. Sólo pudo indicar que Cárdenas era un político. Su mundo político nacional se limita a los vagos contornos del Presidente y del PRI. Dentro de su falta de información manifiesta algunas actitudes frente a los partidos y sindicatos: para ella los partidos deben ser controlados por el gobierno, quien además debe nombrar a los líderes; los sindicatos son buenos, lo malo son sus dirigentes. Pero piensa entrar tanto en un partido como en un sindicato, y además piensa votar.

Cree que el Presidente debe mantener el orden y que se debe obedecer siempre a la ley. De manera lacónica dice que el Presidente "manda" y es lo que más le gusta. Los diputados —no sabe si son elegidos o no— pronuncian discursos.

Su desconfianza sobre los demás es absoluta y no se apiada ante el fracaso. No sabe si las mujeres deben intervenir en la política, ni si los líderes fuertes pueden arreglar al país. Confiesa no entender nada de política, cree que los políticos no se interesan por gente como su familia ni que ésta tenga nada que decirle a esos hombres, ni sobre lo que pasa en el país.

La Revolución ayudó a todos los mexicanos, pero especialmente a los obreros y a los campesinos. Para ella Juárez es el hombre que mejor sirvió a México y Cortés quien más daño le ha hecho. Los Estados Unidos y Guatemala son los mejores amigos de México; Rusia y Cuba sus enemigos: Hay que fusilar a todos los comunistas. De vivir fuera de México, lo haría en los Estados Unidos.

Su mundo político se resume en identificar la política y la autoridad, ignorando el origen de ésta. De lo demás, no sabe nada.

Todo sistema político regula la participación ciudadana a través de sus formas constitucionales. Sin un cierto grado de apatía política, los peligros de disrupción del sistema serían permanentes; aun en las fases de movilización intensiva ésta se lleva a cabo dentro de lineamientos establecidos por los grupos de mayor cohesión, o sea, establecidos por los grupos o constelaciones de élites. En los momentos de desmovilización la participación queda reducida a las elecciones, la militancia en los partidos, a las presiones ejercidas a través de los grupos de interés o de presión, los medios de comunicación de masas o las instituciones representativas parlamentarias. Son las fases de máxima institucionalización, de mayor consenso, de más claro reconocimiento de las élites.[9]

Durante las fases de institucionalización de la vida política los procesos socializadores adquieren su más alto grado de diferenciación.[10] Cuanto menos revolucionario, o más exactamente, cuanto más lejos se está de una revolución, más diferencias se encuentran en las distintas formas de socializar a los niños y a los adultos. México conoce, en estos años, algunas distinciones extremas en las maneras de introducir a sus niños al sistema político nacional.

Las categorías creadas por G. Almond y S. Verba encuentran una correspondencia casi exacta en las subculturas políticas de México. Pero las categorías almondianas han sido pensadas para los sistemas democráticos, industriales y abiertos: sólo en una fase de generalización explican las subculturas de los sistemas autoritarios, parcialmente industrializados y cerrados.

9 S. M. Lipset. *Political Man. The Social Bases of Politics,* Nueva York. Doubleday & Co., 1963, La peute, cap. 6, pp. 183-229.

10 Kornhauser, *op. cit.*, pp. 187 *s.*

Un futuro ciudadano mexicano, alguien que aún no alcanza los deberes y derechos marcados por la Constitución, puede ser un futuro ciudadano participante o participativo comparable, en algunos aspectos, con un niño norteamericano, inglés, o alemán. Sin embargo, cómo imagina y desea participar reviste formas radicalmente diferentes: el sistema autoritario donde está inmerso le orienta forzosamente hacia la tecnocracia, a pensar en que una sabia dosificación de habilidad, de conocimientos, de posiciones sociales le llevarán rápidamente a influir sobre los centros de decisión nacionales. Las vías de participación están marcadas en su proceso de socialización: tiene una escasa confianza en la participación electoral o en la partidista, y en cambio sabe cómo la existencia de un Presidente fuerte, mantenedor del orden va a favorecer el cumplimiento de sus ambiciones. Para estos niños el sistema está abierto: el dominio de la técnica acarrea tras sí el poder político.

La visión del propio futuro cambia cuando se advierte la imposibilidad de acceder a la técnica moderna. Las alternativas de participación son otras; los partidos y los sindicatos, las formas institucionalizadas, promotoras y protectoras del individuo sin calificaciones excelentes, y únicas capaces de introducirle en el sistema.

Para ellos las vías de acceso, las entradas son mucho más estrechas y están regimentadas: el autoritarismo del sistema evidencia su peso. Su condición de "sujetos" es clara. Dependerán más de un conjunto de normas políticas que los niños "participantes" y tecnócratas.

Los procesos de socialización señalan cómo y para qué se llegará al sistema político. Élites y masas, aunque no totalmente delimitadas, sí están configuradas en el mundo infantil; el líder y el seguidor están perfilados desde la escuela primaria.

Dentro de estas diferenciaciones el Estado actúa en dos sentidos opuestos: por un lado autoriza y hasta cierto punto avala las distancias que se abren entre los niños; por otro lucha por darles un substrato común. La base sobre qué asentar a todos los niños no puede ser sino la más amplia y la más conformista de todas, la nación. Y los niños mexicanos son nacionalistas. La aceptación de símbolos y mitos es casi universal. Juárez, la Revolución, las virtudes que adornan a su patria —la libertad, la democracia, la igualdad racial— en el nivel del símbolo no son puestos en duda, aunque esta aceptación parezca superficialmente incongruente, en un modelo ideal, con las particularidades de cada proceso de socialización específico. El nacionalismo de los niños es el pedestal legitimador más fuerte sobre el que se asienta el Estado en México. El cemento que une a estos bloques es el autoritarismo. Ni el tecnócrata, ni el futuro hombre-masa, ni los elitistas, ni quienes esperan todo del Estado niegan de plano el autoritarismo.

Sólo cuando se siente una agresión directa se rechazan sus formas más agudas, como en el caso de un grupo importante de hijos de profesionistas. El grupo de actitudes abiertamente democráticas es, en todos los casos, minoritario y, por añadidura, es el mejor situado para entrar en el sistema político y acceder a los centros neurálgicos de éste.

La naturaleza autoritaria del régimen político mexicano se adapta y adapta a los niños. Los ajustes funcionan en el plano de la realidad cotidiana a través de las diferenciaciones: no hay en este terreno mejor regulador que la educación. Los niños aprenden sus posibilidades, conocen su papel, saben cómo cumplirlo. Si sus ambiciones son grandes, su posible realización es pequeña. La falta de prestigio de las actividades manuales, la injusta distribución de la riqueza, la concentración del poder político y social, la aureola que rodea a los técnicos son frentes conflictivos contenidos por el autoritarismo: el sistema social está semicerrado o semiabierto, que para el caso es lo mismo, pero no es igual para los niños. En esta situación se centra el conflicto: el régimen político de México tiene una vocación democrática pero es autoritario en su funcionamiento. La socialización política de los niños se hace a través de pautas autoritarias; están socializados para el presente y para el futuro previsible. Cómo modificar estas actitudes y orientarlas hacia la democracia, hacia el cumplimiento de la vocación del sistema, es algo que queda para la imaginación de los gobernantes.

El mantenimiento del sistema, la razón de Estado de los clásicos, no parece, en lo que se refiere al futuro inmediato, correr ningún peligro serio. La socialización, en gran parte, responde de ello.

APÉNDICE

CUESTIONARIO SOBRE ACTITUDES CIVICAS INFANTILES

Este cuestionario no es un examen. No debes poner tu nombre. No copies las contestaciones de tus compañeros. Dí lo que piensas con toda confianza, pues nadie sabrá cuales han sido tus respuestas.

Antes de contestar a cada pregunta, espérate a que la persona que te dio estas hojas, lea la pregunta en voz alta.

En las preguntas donde hay unas líneas de puntos, escribe de manera breve y clara (con letras de molde) tu contestación. En las que no tienen líneas de puntos, pon una cruz en el cuadro situado junto a la respuesta que elijas.

Escuela ....

....

1. Sexo Hombre (11) 1
Mujer 2

---

2. Edad (12)

10 11 12 13 14 15 — 1 2 3 4 5 6

---

3. ¿Qué año estás estudiando? (13)

5o. de Primaria 6o. de Primaria 1o. de Sec. 2o. de Sec. 3o. de Sec. — 1 2 3 4 5

---

4. ¿Quiénes de tu familia viven en tu casa? *Marca con una cruz a todos los que viven en ella*

- ☐ Madre (14) 1 2
- ☐ Padre (15) 1 2
- ☐ Hermanos (16) 1 2
- ☐ Abuelos (17) 1 2
- ☐ Tíos (18) 1 2

---

5. ¿En qué trabaja tu papá? (19-20)

---

6. ¿En qué trabaja tu mamá? (21-22)

---

7. ¿Has estado alguna vez en otro país? (23)

Sí No — 1 2

---

8. ¿Has viajado por la República Mexicana? (24)

Sí No — 1 2

---

9. ¿Cada cuándo oyes el radio? (25)

- ☐ Nunca 1
- ☐ Varias veces al mes 2
- ☐ Varias veces a la semana 3
- ☐ Todos los días 4

---

10. ¿Cuántas veces ves la televisión? (26)

- ☐ Nunca 1
- ☐ Varias veces al mes 2
- ☐ Varias veces a la semana 3
- ☐ Todos los días 4

---

11. ¿Cada cuándo lees el periódico? (27)
- ☐ Nunca 1
- ☐ Varias veces al mes 2
- ☐ Varias veces a la semana 3
- ☐ Todos los días 4

---

12. ¿Qué periódicos lees? (28-30)

....

....

---

13. ¿Cada cuándo vas al cine? (31)
- ☐ Nunca 1
- ☐ Varias veces al año 2
- ☐ Varias veces al mes 3

---

14. ¿Cada cuándo lees monitos? (32)
- ☐ Nunca 1
- ☐ Varias veces al mes 2
- ☐ Varias veces a la semana 3
- ☐ Todos los días 4

---

15. ¿Qué libros, que no sean de la escuela, has leído últimamente? (33-38)

....

....

---

16. ¿Escuchaste el último informe del Presidente de la República? (39)
- ☐ Sí 1
- ☐ No 2
- ☐ No sé 3

---

17. ¿Qué tipo de gobierno tenemos en México? *Elige sólo una de las contestaciones siguientes:* (40)
- ☐ República Centralista 1
- ☐ República Federal 2
- ☐ República Parlamentaria 3
- ☐ República Confederada 4
- ☐ No sé 5

---

18. ¿Qué es la Constitución? *Elige sólo una de las contestaciones siguientes:* (41)
- ☐ Los tratados firmados por el Presidente 1
- ☐ La Ley fundamental de la República 2
- ☐ Las sentencias de la Suprema Corte 3
- ☐ No sé 4

---

19. ¿A qué edad tienen los mexicanos derecho a votar? *Elige sólo una de las contestaciones siguientes:* (42)
- ☐ A los 18 años 1
- ☐ A los 21 años 2
- ☐ A los 25 años 3
- ☐ A los 30 años 4

---

20. ¿Las mujeres pueden votar en México? (43)

☐ Sí 1
☐ No 2
☐ No sé 3

---

21. ¿Cuáles de los siguientes cargos son de elección popular?
Marca con una cruz los que sean

☐ Oficial del Ejército (44) 1 2
☐ Senador (45) 1 2
☐ Presidente de la República (46) 1 2
☐ Jefe de Policía (47) 1 2
☐ Gobernador (48) 1 2
☐ Director de Aduanas (49) 1 2
☐ Diputado (50) 1 2
☐ Secretario de Estado o Ministro (51) 1 2

---

22. Pon una cruz al lado de las letras que representen un partido político mexicano:

☐ PRA Partido Republicano Autónomo (52) 1 2
☐ PAN Partido Acción Nacional (53) 1 2
☐ PARM Partido Auténtico de la Revolución Mexicana (54) 1 2
☐ PIC Partido Independiente Comunitario (55) 1 2
☐ PPS Partido Popular Socialista (56) 1 2
☐ UNS Unión Nacional Sinarquista (57) 1 2
☐ PRI Partido Revolucionario Institucional (58) 1 2
☐ PDC Partido Demócrata Comunista (59) 1 2
☐ PFN Partido Fascista Nacional (60) 1 2

---

23. ¿Cuántos partidos tienen, en México, representantes en la Cámara de Diputados?
Pon un círculo alrededor del número correcto (61) 1 2

1 2 3 4 5 6 7 8 9 10

---

24. Pon una cruz al lado de la afirmación que te parezca correcta.
Elige sólo una (62)

☐ El gobierno debe suprimir todos los partidos políticos 1
☐ El gobierno debe dirigir a los partidos y nombrar a sus líderes 2
☐ Los partidos deben elegir a sus líderes, pero el gobierno debe guiar a los partidos 3
☐ Los partidos políticos deben ser independientes del gobierno 4

---

25. *Elige una respuesta para cada una de las afirmaciones siguientes:*

Se puede confiar en la gente (63) 1 2 3
Cierto Falso No sé

Las mujeres no deben intervenir en política (64) 1 2 3
Cierto Falso No sé

Unos cuantos líderes fuertes pueden mejorar este país mejor que todas las leyes (65) 1 2 3
Cierto Falso No sé

La gente que no triunfa es porque no se esfuerza bastante (66) 1 2 3
Cierto Falso No sé

---

26. *Elige una respuesta para cada una de las afirmaciones siguientes:*
Algunas veces la política y el gobierno parecen algo tan difícil que una persona como yo no puede comprender de qué se trata (67)
Cierto Falso No sé 1 2 3
No creo que los políticos se interesen por lo que piensan personas como las de mi familia (68) 1 2 3
Cierto Falso No sé (69) 1 2 3
Mi familia no tiene nada qué decir sobre lo que hace el gobierno
Cierto Falso No sé (70) 1 2 3
Tanta gente vota en las elecciones que no importa mucho que se vote o no
Cierto Falso No sé

---

27. ¿Piensas votar cuando seas mayor de edad? (71)
☐ Sí 1
☐ No 2
☐ No sé 3

---

28. ¿Te gustaría, cuando seas mayor de edad, entrar en un partido político? (72)
☐ Sí 1
☐ No 2
☐ No sé 3

---

29. Pon una cruz al lado de la afirmación que te parezca correcta. *Elige sólo una.* (73)
☐ Sin los sindicatos los obreros no podrían defenderse frente a los patrones 1
☐ Los sindicatos son buenos, lo malo son sus líderes 2
☐ Cuando un obrero tiene problemas, debe dirigirse directamente al patrón y olvidarse de los líderes y del sindicato. 3
☐ Cuando desaparezcan los sindicatos los obreros vivirán mejor 4

---

30. ¿Cuando empieces a trabajar te gustaría pertenecer a un sindicato? (74)
☐ Sí 1
☐ No 2
☐ No sé 3

---

31. *Elige una respuesta para cada una de las siguientes afirmaciones:* T 2
El progreso de México se debe más al gobierno que a los hombres de negocios (11)
Cierto Falso No sé 1 2 3
Los obreros deberían dirigir las fábricas (12)
Cierto Falso No sé 1 2 3
El gobierno es incapaz de manejar bien una industria (13)
Cierto Falso No sé 1 2 3
Sólo un hombre que busque ganar dinero es capaz de fundar y dirigir una industria (14)
Cierto Falso No sé 1 2 3
Todas las empresas deben estar en manos del gobierno (15)
Cierto Falso No sé 1 2 3

---

32. ¿Qué te gustaría ser cuando seas grande?
.... (16-17)
....

---

33. ¿Qué te gustaría hacer cuando termines la primaria?

.... (18-19)

....

34. ¿Qué te gustaría hacer cuando termines la secundaria?

.... (20-21)

....

35. ¿A qué persona viva o muerta, te gustaría parecerte? (22-23)

....

36. ¿Cuál de todos estos personajes te parece que haya servido mejor a México? *Elige sólo uno.*

- ☐ Maximiliano
- ☐ Hernán Cortés (24) 1
- ☐ Cuauhtémoc 2 3
- ☐ Porfirio Díaz 4 5
- ☐ Benito Juárez 6 7
- ☐ José Ma. Morelos 8
- ☐ Agustín de Iturbide
- ☐ Francisco I. Madero

(25) 1 2

37. ¿Cuál de todos los anteriores te parece que haya servido peor a México? 3 4

.... 5

.... 6 7 8

38. ¿Dentro de cuál de estos grupos te hubiera gustado luchar? *Elige sólo uno.*

- ☐ Los Insurgentes
- ☐ Los conquistadores españoles (26) 1
- ☐ Los soldados de Juárez 2 3
- ☐ Los Revolucionarios 4 5
- ☐ Los Cristeros 6
- ☐ Los soldados que pelearon en contra de los E.U.

39. *Elige una respuesta para cada una de las siguientes afirmaciones:*

La Revolución Mexicana favoreció sobre todo a los obreros y campesinos (27)

Cierto Falso No sé 1 2 3

La Revolución Mexicana sirvió sólo a aquellos que la hicieron (28)

Cierto Falso No sé 1 2 3

(29)

La Revolución Mexicana dañó a la gente bien 1 2 3

Cierto Falso No sé (30)

Todos los mexicanos han sido favorecidos por la Revolución 1 2 3

Cierto Falso No sé

40. Pon un círculo alrededor del país donde tú creas que haya **más libertad**. ***Elige sólo uno.*** (31)

Argentina	Francia	1 2
Inglaterra	Cuba	3 4
Estados Unidos	México	5 6
Rusia	España	7 8

---

41. Pon un círculo alrededor del país que tú creas ofrece mayores **oportunidades de obtener un buen trabajo**. *Elige sólo uno.* (32)

Cuba	Canadá	1 2
Rusia	Guatemala	3 4
Inglaterra	Francia	5 6
Estados Unidos	México	7 8

---

42. Pon un círculo alrededor de todos los países donde tú creas que haya **discriminación racial**:

México	Canadá	(33) 1 2 (34) 1 2
Estados Unidos	Cuba	(35) 1 2 (36) 1 2
Inglaterra	Guatemala	(37) 1 2 (38) 1 2
Rusia	Francia	(39) 1 2 (40) 1 2

---

43. Subraya el nombre de todos los países donde tú creas que haya **gobiernos demócraticos**:

México	Canadá	(41) 1 2 (42) 1 2
Estados Unidos	Cuba	(43) 1 2 (44) 1 2
Inglaterra	Guatemala	(45) 1 2 (46) 1 2
Rusia	Francia	(47) 1 2 (48) 1 2

---

44. **Pon el nombre de dos países amigos de México:** (49-50)

....

---

45. Pon el nombre de dos países enemigos de México: (51-52)

....

---

46. ¿Si tuvieras que vivir fuera de México, en qué país te gustaría vivir? (53-54)

....

---

47. *Elige sólo una de las contestaciones siguientes y márcala con una cruz:* (55)

- ☐ A cualquier extranjero se le debe permitir entrar en México como turista, pero no se le debe permitir quedarse en el país. 1
- ☐ Cualquier extranjero debe poder establecerse libremente en el país 2
- ☐ No debe permitirse que los extranjeros se sigan estableciendo en México, pero los que ya están pueden quedarse 3
- ☐ Se debe obligar a todos los extranjeros que viven en México a que regresen a sus países 4

---

48. ¿Cuáles son las dos cosas que distinguen a un mexicano de un extranjero?

.... (56-57)

....

49. *Elige sólo una de las contestaciones siguientes y márcala con una cruz:*

☐ Los comunistas deben poder participar en la política como cualquier ciudadano (58) 1
☐ A los comunistas se les debe convencer de que sus ideas están equivocadas 2
☐ Se debería expulsar del país a todos los comunistas 3
☐ Lo único que se puede hacer con los comunistas es fusilarlos 4

50. *Elige una respuesta para cada una de las siguientes afirmaciones:*

Uno de los obstáculos más graves para el progreso de México son las diferencias raciales (59)
Sí No No sé 1 2 3

A pesar de que unos son ricos y otros pobres, los mexicanos están unidos entre sí (60)
Sí No No sé 1 2 3

Aunque gane poco dinero, un mexicano debe vivir siempre en su patria (61)
Sí No No sé 1 2 3

Nuestra familia nos ayudará siempre más que el gobierno (62)
Sí No No sé 1 2 3

Si tú cumples con tus deberes religiosos tienes más posibilidades de triunfar que si no cumples con ellos (63) 1 2 3
Sí No No sé

51. *Elige sólo una de las contestaciones siguientes*. Tú te consideras . . .

☐ Muy religioso (64) 1
☐ Religioso 2
☐ Poco religioso 3
☐ Nada religioso 4

52. ¿Cómo se llama el Presidente de la República? (65) 1 2

....

53. ¿Recuerdas el nombre del Presidente anterior? (66) 1 2

....

54. *Elige sólo una de las contestaciones siguientes:*

☐ El Presidente mantiene el orden en el país (67) 1
☐ El Presidente hace las leyes 2
☐ El Presidente cumple la voluntad del pueblo 3

55. *Elige sólo una de las contestaciones siguientes:*

☐ El pueblo debe obedecer siempre a las leyes (68) 1
☐ El pueblo puede cambiar las leyes si no le parecen 2
☐ El pueblo puede desobedecer a la ley si es injusta 3

56. ¿Cómo se llama el Gobernador del Estado? (69) 1
¿el Regente de la Ciudad? 2

....

57. ¿Cómo se llama el Presidente Municipal?

.... (70) 1 2

---

58. ¿Quiénes de las personas de la lista son políticos? T 3

Pon una cruz al lado de los que consideres que lo sean:

- ☐ Alfonso Corona del Rosal (11) 1 2
- ☐ Enrique Borja (12) 1 2
- ☐ Carlos Madrazo (13) 1 2
- ☐ Joaquín Cordero (14) 1 2
- ☐ Adolfo Christlieb Ibarrola (15) 1 2
- ☐ Jacobo Zabludovsky (16) 1 2
- ☐ Antonio Ortiz Mena (17) 1 2
- ☐ Lázaro Cárdenas (18) 1 2

---

59. ¿De qué partido fue candidato el Presidente de la República?

PAN PPS PRI PARM UNS NINGUNO (19) 1 2

---

60. ¿Cuántos años dura en el poder el Presidente de la República?

1 2 3 4 5 6 7 8 9 10 (20) 1 2

---

61. ¿Qué es lo que más te gusta del actual Presidente de la República?

.... (21)

---

62. ¿Qué es lo que menos te gusta del actual Presidente de la República?

.... (22)

---

63. *Elige una sola de las contestaciones siguientes y márcala con una cruz:* (23)

- ☐ Los diputados ayudan al Presidente. 1
- ☐ Los diputados votan las leyes. 2
- ☐ Los diputados pronuncian discursos en la Cámara. 3
- ☐ Los diputados no hacen nada. 4

---

64. *Elige sólo una de las contestaciones siguientes:* (24)

- ☐ El atraso de los Estados se debe a los impuestos que se lleva el Gobierno Federal 1
- ☐ Los Estados progresarían más si el Gobierno Federal los dejara manejar libremente sus impuestos. 2
- ☐ El Gobierno distribuye los impuestos de manera justa entre todos los Estados y el Distrito Federal. 3
- ☐ El progreso de los Estados se debe en parte al dinero que aporta el Gobierno Federal. 4
- ☐ Sin la ayuda del Gobierno Federal los Estados vivirían en el atraso y la pobreza. 5

---

65. ¿Cuáles son los tres Estados más importantes de la República?

.... (25-30)

....

---

66. ¿Dónde vivirías mejor, en tu Estado o en la Capital?

.... (31) 1 2

67. ¿Dónde hablas de política?

- ☐ En la casa. (32) 1 2
- ☐ En la escuela, (33) 1 2
- ☐ En la calle. (34) 1 2
- ☐ En ninguna parte. (35) 1 2

---

68. ¿Con quién hablas tú de política?

- ☐ Con mis padres. (36) 1 2
- ☐ Con mis hermanos. (37) 1 2
- ☐ Con mis maestros. (38) 1 2
- ☐ Con mis amigos. (39) 1 2
- ☐ No hablo de política. (40) 1 2

---

69. Todas estas personas o grupos de personas intervienen en política; ¿qué tan influyentes te parecen? Pon un círculo alrededor de las respuestas que consideres apropiadas.

Los ricos	Mucho	Regular	Poco	Nada	(41) 1 2 3 4
Los sindicatos	Mucho	Regular	Poco	Nada	(42) 1 2 3 4
El Presidente	Mucho	Regular	Poco	Nada	(43) 1 2 3 4
Los periódicos	Mucho	Regular	Poco	Nada	(44) 1 2 3 4
La Iglesia	Mucho	Regular	Poco	Nada	(45) 1 2 3 4
Los ciudadanos comunes y corrientes	Mucho	Regular	Poco	Nada	(46) 1 2 3 4
Las grandes empresas	Mucho	Regular	Poco	Nada	(47) 1 2 3 4
Los estudiantes	Mucho	Regular	Poco	Nada	(48) 1 2 3 4

La primera reimpresión de *La politización del niño mexicano*, de Rafael Segovia, se terminó de imprimir en el mes de agosto de 1982 en los talleres de EDICIONES GRIVER, Av. 10, núm. 130, Col. Ignacio Zaragoza. La portada fue impresa por Rossette y Asociados, Artes Gráficas, S. A. Calzada de los Misterios 591. México, D. F. Se tiraron 5 000 ejemplares más sobrantes para reposición. Diseñó la portada Mónica Diez-Martínez. Cuidó de la edición el Departamento de Publicaciones de El Colegio de México.

COLECCIÓN
CENTRO DE ESTUDIOS INTERNACIONALES

I. Alfonso García Robles, *La desnuclearización de la América Latina.* 2ª edición, 1966. 184 pp.

II. Alfonso García Robles, *La anchura del mar territorial.* 1ª edición, 1966. 132 pp. (Agotado.)

III. Jorge Castañeda, *Valor jurídico de las resoluciones de las Naciones Unidas.* 1ª edición, 1967. 216 pp. (Agotado.)

IV. Alfonso García Robles, *El Tratado de Tlatelolco.* 1ª edición, 1967. 340 pp.

V. Lorenzo Meyer, *México y los Estados Unidos en el conflicto petrolero (1917-1942).* 2ª edición, 1972. 520 pp.

VI. Jorge Castañeda, *La no proliferación de las armas nucleares en el orden universal.* 1ª edición, 1969. 96 pp. (Agotado.)

VII. Olga Pellicer de Brody, *México y la Revolución cubana.* 1ª edición, 1972. 136 pp.

VIII. María del Rosario Green y Bernardo Sepúlveda (editores), *La ONU: dilema a los 25 años.* 1ª edición, 1970. 316 pp. (Agotado.)

IX. Lorenzo Meyer, Olga Pellicer de Brody, Ma. del Rosario Green, Blanca Torres, Luis Medina Peña, Bernardo Sepúlveda Amor, Rafael Segovia y Ricardo Valero, *La política exterior de México: realidad y perspectivas.* 1ª edición, 1972. 224 pp.

X. Luis Medina, Carlos Bazdresch Parada, Rafael Segovia, Manuel Camacho, Soledad Loaeza, Fernando Pérez Correa, Jorge Alberto Lozoya y Lorenzo Meyer, *La vida política en México, 1970-1973.* 1ª edición, 1974. 200 pp.

XI. Ramón Medina Luna, Mario Ojeda Gómez, Carlos Arriola, Wolfgang König y Romeo Flores Caballero, *México y América Latina: la nueva política exterior.* 1ª edición, 1974. 212 pp.

XII. Bernardo Sepúlveda Amor, Olga Pellicer de Brody y Lorenzo Meyer, *Las empresas transnacionales en México.* 1ª edición, 1974. 180 pp.

XIII. Humberto Garza Elizondo, *China y el Tercer Mundo: teoría y práctica de la política exterior de Pequín, 1956-1966.* 1ª edición, 1975. 280 pp.